材料同じでも 毎日違っておいしい

1週間 1000円 10分弁当

アカリスム キッチン
Akarispmt's Kitchen

KADOKAWA

はじめまして
Akarispmt's Kitchenです。

薬局で薬剤師として働いていた2019年に、普段自分のために作っているお弁当の動画をYouTubeで配信開始。これまでに500本以上のレシピ動画を配信。53万人超の方々に登録いただいています。

お弁当って、「まず材料をそろえるのが大変」という悩みがあると思うのです。いつも同じ材料を使いワンパターンになりがちで飽きてしまうということはありませんか?

でも、私自身が多くのお弁当を作っているうちに、「同じ材料でも、調理法や味付けを工夫することで、毎日違っておいしく作れる」ことが分かってきたのです。

しかも、材料選びをほんの少しだけ工夫すれば、予算内に収めることができて、節約できるということも!

そんなたくさんのレシピの中から選りすぐり、番外編を含む7週間分35弁当99レシピを1冊にまとめました。

あわせて、「おかず3品を10分で完成 同時調理ガイド」も掲載しました。手際よくおいしく作るためのヒントとして、役立てていただけると幸いです。

Mon. ひき肉カレー弁当

Tue. キャベツハンバーグ弁当

Wed. キャベツデミソース
ポテトサラダ弁当

同じ「合いびき肉」
＋野菜＋卵でも！

Thu. スパニッシュオムレツ弁当

Fri. ひき肉じゃが弁当

3

同じ材料でも、毎日違うお弁当

Point 1　高コスパ食材を選ぶ

栄養バランスや見映えを考えると、肉と魚、緑色の野菜、赤色の野菜、キノコ、ねぎ、卵の6品目からバランスよく選びます。中でも、年間を通じてg単価が安定しているもの、ズ

バリこれを選ぶと、予算内に収められます。魚は肉より加熱が早いですが、肉の方が割安。ほうれん草は冷凍の方が割安。赤色の野菜はニンジン一択です。

肉と魚
鶏むね肉、鶏ささみ肉、
豚こま切れ肉、合いびき肉、鮭

緑色の野菜
小松菜、冷凍ほうれん草、ピーマン、キャベツ

赤色の野菜

ニンジン

キノコ
シメジ、ぶなシメジ、エリンギ、舞茸

ねぎ

玉ねぎ、長ねぎ

卵　

これが冷蔵庫に
あれば
どうにかなる！

Point 2　調理法を変える

同じ食材でも、焼く、煮る、揚げる、蒸すの調理法を取り入れることで、まったく違った味わいになります。例えば鶏むね肉を使う場合、チキンソテーとして焼いたり、酢じょう

ゆで煮たり、蒸し鶏にしたり、揚げてチキンカツにするなど。一つの食材でも調理法を変化させることで、毎日のお弁当を飽きずに新鮮に楽しむことができます。

 焼く　 揚げる　 蒸す

を作るコツ

食材をバランスよくそろえて固定化、
調理法と調味料を変えてアレンジします。

Point 3　「味分類」で調味料を変える

調味料を、油、塩味、酸味の基本3つ、乾物、スパイスのアクセント2つに分類して、その中で使うものを変えます。例えばほうれん草の調理で使う油を、ごま油、オリーブオイル、マヨネーズ、バターにすることで異なる風味を楽しめます。塩味、酸味も同様。さらに乾物やスパイスも活用すると無数にバリエーションが広がります。

基本

油
ごま油、オリーブオイル、マヨネーズ、バター

塩味
しょうゆ、みそ、塩、粉チーズ、ケチャップ、中濃ソース

酸味
酢、レモン、ケチャップ

アクセント

乾物
赤しそ、ごま、ふりかけ、塩昆布、かつお節、海苔、桜えび

スパイス
カレー粉、梅チューブ、ショウガ、わさび、バジル、オレガノ

同じグループ内で
使うものを変えると
バリエが広がるよ！

Point 4　おかず3品を10分で同時調理

別々に作ると時間のかかるメニューも、フライパン、トースター、電子レンジを使って同時調理すれば、おかず3品を10分で完成。主菜は加熱に時間がかかるためフライパン、水分の多い野菜は電子レンジ、薄切りの食材はトースターが最適。電子レンジとトースターはセットしておけば他の調理に集中でき、忙しい朝も大助かり！

フライパン　　**トースター**　　**電子レンジ**

目次

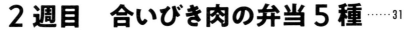

この本の前提

＊材料はすべて1人分。

＊小さじ1＝5㎖、大さじ1＝15㎖。

＊野菜を洗う、皮をむくなどの工程は省略。

＊肉や魚は、4週目・番外編では下味冷凍（P64参照）、それ以外の週は、賞味期限が切れる分は冷凍しておきます。前日夜に冷蔵庫に移動させる、または電子レンジの解凍モードで解凍します。

＊コンロの火力は、特に記載しない場合は中火、フライパンは、特に記載しない場合は直径14cm。

＊塩は精製塩、しょうゆは濃口、バターは有塩、みそは淡色みそ（塩分量10％のもの）、酒は日本酒（清酒）、塩昆布は減塩を使用。

＊余分な水気は「さらし」で、余分な油は「キッチンペーパー」で拭き取ります。

＊トースターは1000W、電子レンジは500W。
　ご使用の機器によって若干異なりますので、記載の時間は目安として調整してください。

＊電子レンジ使用の際は、ボウルは耐熱のものを使用し、特に記載しない場合は、シリコンのフタを使用。

＊「10分」はおかずの出来上がりまでの時間。食材を洗う、ごはんを炊く、粗熱をとる、弁当箱に詰める時間は含みません。

＊10分以外の工程は、薄茶色の地色をひいた文字で記載しています。

＊価格は、おかずの材料費の合計額（税抜き）。買い置きを前提とする調味料や、乾物類は除く。使用分量のg換算。（1円以下は四捨五入）2023年11月に東京、神奈川で購入時の金額。

＊お弁当箱は500㎖を使用。特に記載がない場合、温かいごはんの分量は150ｇ。

P54以降の「同時調理ガイド」に
記載するマーク

フライパン　トースター　電子レンジ

Staff
デザイン／岡睦（mocha design）
撮影／佐藤朗（フェリカスピコ）
調理協力／三好弥生、好美絵美
イラスト／なおちゃん＠スマイルクリエイター
校正／麦秋アートセンター
企画・編集／鈴木聡子

1週目

鶏むね肉
の
弁当5種

鶏むね肉を、焼く、蒸す、揚げ焼きにする、の調理法で変化させながら、
たった5つの食材だけで1週間のお弁当を作ります。
フライパン1つで完成するお弁当（Day2）や、メインのおかずをレンジで作るお弁当（Day4）も！
最終日（Day5）はオムライス弁当で、残り野菜も肉も全部使いきれます。

買い物リスト

鶏むね肉	430 g	292 円
卵	5 個	150 円
小松菜	200 g	95 円
玉ねぎ	85 g	16 円
エノキ	130 g	68 円
合計		**621 円**

Day 1 鶏肉ケチャップ炒め弁当

鶏肉のケチャップ炒めは、ナポリタンのような味わい。
鶏肉の皮は、副菜の小松菜と和えてうまみとして使う。エノキ卵とじはかつおショウガの優しい味。

おかず1　鶏肉ケチャップ炒め　(玉ねぎケチャップ味)

材料

サラダ油…小さじ½
玉ねぎ…20g（スライサーでスライス）
鶏むね肉…90g
　（キッチンバサミで一口大に切る／
　皮は使わずおかず2で使用）
酒①…小さじ½
小麦粉…適量
酒②…小さじ1
A｜バター…3g
　｜ケチャップ…大さじ1

作り方

1 フライパンにサラダ油を熱し、玉ねぎを焼く。
2 鶏むね肉にフォークで穴をあける。酒①をかけ、小麦粉をまぶして、フライパンに加えて1分焼く。
3 酒②を加えて蒸し焼き3分。
4 Aを加えて30秒焼く。

おかず2　小松菜鶏皮和え　(ごま油しょうゆ味)

材料

小松菜…1株
　（40g／キッチンバサミで3cm幅に切る）
エノキ…20g
　（キッチンバサミで3cm幅に切る）
　｜鶏肉の皮
　｜　（3cm×3cm／キッチンバサミで3つに切る）
A｜塩…少々
　｜コショウ…少々
　｜酒…小さじ½
B｜ごま油…小さじ½
　｜しょうゆ…小さじ⅕

作り方

1 ボウルに小松菜とエノキを入れて電子レンジで1分30秒加熱。
2 1をザルに上げて、空いたボウルにAを入れて、電子レンジで30秒加熱する。
3 水（分量外）で冷やして水気を絞った小松菜、エノキ、Bを2に加えて混ぜる。

おかず3　エノキ卵とじ　(かつおショウガ味)

材料

卵…1個
　｜エノキ…20g
　｜　（キッチンバサミで2cm幅に切る）
　｜しょうゆ…小さじ½
A｜みりん…小さじ1
　｜かつお節…小さじ1
　｜水…大さじ1と½
　｜ショウガ（チューブ）…1cm

作り方

1 ボウルにAを入れて電子レンジで1分加熱する。
2 卵を加えて、よく混ぜ、電子レンジで30秒加熱。
3 もう一度卵を混ぜて、さらに電子レンジで1分加熱。
4 冷めたらキッチンバサミで切る。

同時調理ガイド

おかず1

鶏肉
ケチャップ
炒め

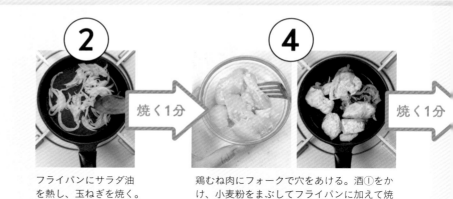

焼く1分

フライパンにサラダ油を熱し、玉ねぎを焼く。

鶏むね肉にフォークで穴をあける。酒①をかけ、小麦粉をまぶしてフライパンに加えて焼く。

焼く1分

おかず2

小松菜
鶏皮和え

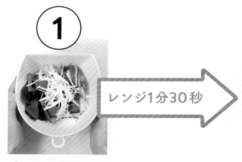

レンジ1分30秒

ボウルに小松菜とエノキを入れて電子レンジで加熱。

おかず3

エノキ
卵とじ

A
・エノキ
・しょうゆ
・みりん
・かつお節
・水
・ショウガ
（チューブ）

レンジ1分

ボウルにAを入れて電子レンジで加熱する。

３品10分で完成

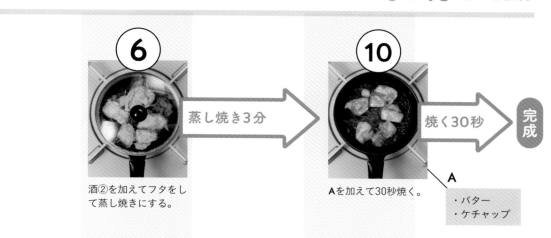

⑥ → 蒸し焼き3分 → **⑩** → 焼く30秒 → 完成

酒②を加えてフタをして蒸し焼きにする。

Aを加えて30秒焼く。

A
・バター
・ケチャップ

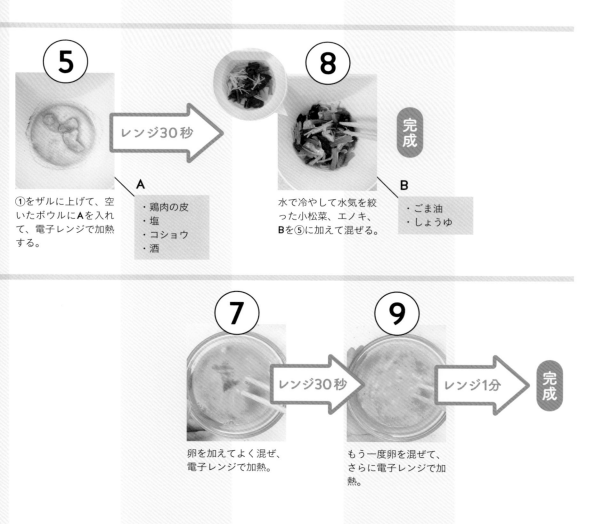

⑤ → レンジ30秒 → **⑧** → 完成

①をザルに上げて、空いたボウルにAを入れて、電子レンジで加熱する。

A
・鶏肉の皮
・塩
・コショウ
・酒

水で冷やして水気を絞った小松菜、エノキ、Bを⑤に加えて混ぜる。

B
・ごま油
・しょうゆ

⑦ → レンジ30秒 → **⑨** → レンジ1分 → 完成

卵を加えてよく混ぜ、電子レンジで加熱。

もう一度卵を混ぜて、さらに電子レンジで加熱。

Day 2 玉ねぎおろしソースの チキンソテー弁当

ワンパンで作る10分弁当。鶏肉に玉ねぎおろしソースで、さっぱりとしつつもコクのある味わい。
小松菜とエノキはバター味でクリーミー。

おかず1 玉ねぎおろしソースの チキンソテー 玉ねぎしょうゆ味

材料

鶏むね肉…90g
（キッチンバサミで一口大に切る）
酒…小さじ½
片栗粉…小さじ1
サラダ油…小さじ1
A
　砂糖…小さじ½
　みりん…小さじ1
　しょうゆ…小さじ1
　玉ねぎ…5g（すりおろす／小さじ1）
　水…大さじ1

作り方

1 ボウルに鶏むね肉を入れ、フォークで穴をあけ、酒を加えて混ぜ、片栗粉を加えて混ぜる。
2 フライパンにサラダ油を熱し、1を加えて焼く。時々転がして、全面を3分焼く。
3 Aを加えて30秒焼く。
4 鶏肉に焼き色がつくまで、さらに1分焼く。

おかず2 小松菜とエノキのバター焼き バター味

材料

小松菜…1株
（40g／キッチンバサミで3cm幅に切る）
エノキ…20g（キッチンバサミで3cm幅に切る）
バター…5g
塩…少々
コショウ…少々

作り方

1 フライパンに、切り開いたシリコンリングで仕切り、バターを加え、エノキを加えて1分焼く。
2 小松菜の茎を加えて30秒焼く。
3 小松菜の葉、塩、コショウを加えて30秒焼く。

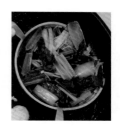

おかず3 目玉焼き 塩味

材料

卵…1個
サラダ油…小さじ½
水…大さじ1
※トッピング
塩…少々
コショウ…少々

作り方

1 フライパンにサラダ油を加え熱し、シリコンリングを置き、卵を割り入れる。
2 水をかけて、フタをして蒸し焼き1分。
3 冷めたらキッチンバサミで半分に切る。

同時調理ガイド

START

おかず3 直径26cmのフライパンにサラダ油を加えて熱し、シリコンリングを置き、卵を割り入れる。

おかず2 フライパンに、切り開いたシリコンリングで仕切り、バターを加え、エノキを加えて1分焼く。

おかず1 ボウルに鶏むね肉を入れ、フォークで穴をあけ、酒を加えて混ぜ、片栗粉を加えて混ぜる。

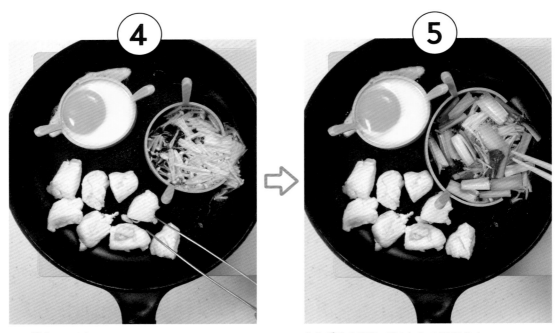

おかず1 サラダ油を熱し、鶏むね肉を加えて焼く。時々転がして、全面を3分焼く。

おかず2 小松菜の茎を加えて30秒焼く。

3品10分で完成

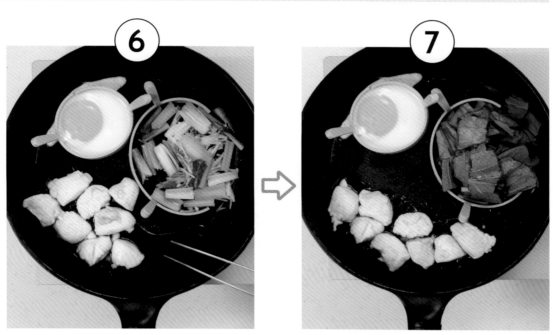

おかず1 砂糖、みりん、しょうゆ、玉ねぎ（すりおろし）、水を加えて30秒焼く。

おかず2 小松菜の葉、塩、コショウを加えて30秒焼く。

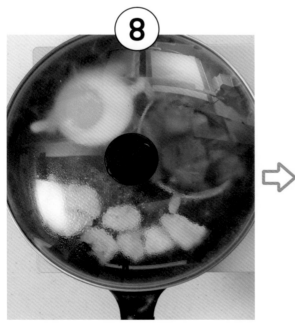

おかず3 水をかけて、フタをして蒸し焼き1分。

おかず1 フタを取り、鶏肉に焼き色がつくまで、さらに1分焼く。完成。

Day 3　チキンカツ弁当

揚げ焼きにすると一気に味わいが変化する。鶏肉を薄くのばすと早く揚がる。
中濃ソースで満足感あり。副菜は赤しそ酢味でさっぱりと。

おかず1　チキンカツ　中濃ソース味

材料

鶏むね肉…100 g
コショウ…少々
小麦粉…小さじ½
溶き卵…小さじ2 (おかず2から使用)
パン粉…大さじ2
サラダ油…大さじ2と½
※トッピング
中濃ソース…適量

作り方

1 鶏むね肉をラップではさんで、めん棒でたたき、1.5倍の大きさにする。
2 鶏むね肉に、コショウ、小麦粉、溶き卵、パン粉の順でつける。もう片方にも同様につける。
3 フライパンにサラダ油を熱し、片面2分ずつ、両面揚げ焼きにする。
4 油を切ってキッチンペーパーに上げ粗熱を取る。キッチンバサミで切る。

おかず2　小松菜卵とじ　鶏ガラスープ味

材料

小松菜…1株
　(40 g／キッチンバサミで3cm幅に切る)
溶き卵…1個分 (おかず2で小さじ2を使った残り)
A ┃ 鶏ガラスープの素…少々
　┃ ニンニク (チューブ) …1cm
　┃ ごま油…小さじ½

作り方

1 ボウルに小松菜を入れて、電子レンジで1分加熱する。
2 1を水 (分量外) で冷やして、水気を拭き取り、溶き卵、Aを加えてよく混ぜる。
3 電子レンジで30秒加熱。
4 取り出して卵を混ぜて、もう一度電子レンジで30秒加熱。
5 冷めたらキッチンバサミで切る。

おかず3　エノキと玉ねぎの赤しそふりかけ和え　赤しそ酢味

材料

A ┃ エノキ…30 g
　┃ 　(キッチンバサミで2cm幅に切る)
　┃ 玉ねぎ…15 g (スライサーでスライス)
　┃ かつお節…小さじ½
　┃ 砂糖…小さじ½
B ┃ 酢…小さじ1
　┃ 赤しそふりかけ…小さじ⅓
　┃ オリーブオイル…小さじ1

作り方

1 ボウルにAを入れ、電子レンジで1分30秒加熱。
2 水気を拭き取り、Bを加えて混ぜる。

START

おかず1

チキンカツ

鶏むね肉をラップではさんで、めん棒でたたき、1.5倍の大きさにする。

鶏むね肉に、コショウ、小麦粉、溶き卵、パン粉の順でつけ、もう片方も同様につける。

おかず2

小松菜
卵とじ

レンジ1分

ボウルに小松菜を入れて、電子レンジで加熱する。

A
・鶏ガラスープの素
・ニンニク（チューブ）
・ごま油

①を水で冷やして水気を拭き取り、溶き卵、Aを加えてよく混ぜる。

おかず3

エノキと
玉ねぎの
赤しそ
ふりかけ和え

3品10分で完成

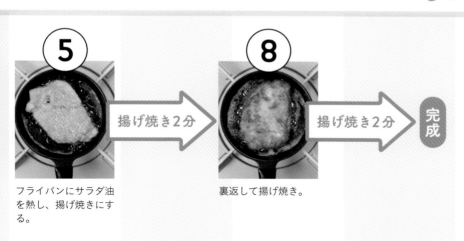

揚げ焼き2分 → 揚げ焼き2分 → 完成

5 フライパンにサラダ油を熱し、揚げ焼きにする。

8 裏返して揚げ焼き。

レンジ30秒 → レンジ30秒 → 完成

6 電子レンジで加熱する。

9 取り出して卵を混ぜて、もう一度電子レンジで加熱。

レンジ1分30秒 → 完成

A
・エノキ
・玉ねぎ
・かつお節

7 ボウルにAを入れ、電子レンジで加熱。

10 水気を拭き取り、Bを加えて混ぜる。

B
・砂糖
・酢
・赤しそふりかけ
・オリーブオイル

Day 4 　レンジで蒸し鶏弁当

鶏肉は柔らかく蒸して、酢じょうゆ味に。副菜の小松菜と焼きキノコはにんにくバター味でコクを出して。レンジとトースターだけでできるお弁当。

おかず1　レンジで蒸し鶏　（酢じょうゆ味）

材料

A
鶏むね肉…90ｇ（めん棒でたたき2cm以下の厚みに。キッチンバサミで開く）
酒…小さじ1

塩…1ｇ

B
砂糖…小さじ½
しょうゆ…小さじ1
酢…小さじ1

作り方

1 ボウルに、水大さじ1（分量外）を入れ、Aを入れる。塩を0.5ｇずつ、鶏むね肉の裏と表にまんべんなくふる。電子レンジで1分加熱。
2 鶏むね肉をひっくり返して、電子レンジで30秒加熱する。
3 2にBを加えて混ぜる。
4 鶏むね肉が冷めたら、キッチンバサミで繊維に沿って1cm幅に切り分ける。

おかず2　小松菜と焼きキノコ和え　（にんにくバター味）

材料

エノキ…20ｇ（キッチンバサミで3cm幅に切る）
バター…3ｇ
小松菜…1株（40ｇ／キッチンバサミで3cm幅に切る／葉の部分2枚はおかず3に使用）

A
しょうゆ…小さじ½
かつお節…小さじ1
ニンニク（チューブ）…1cm

作り方

1 耐熱皿にエノキを広げ、バターをちらして、トースターで5分30秒焼く。
2 ボウルに小松菜を入れ、電子レンジで1分加熱する。
3 2に冷水（分量外）を加えてさっと冷やす。
4 1に、水気を絞った3と、Aを加えて混ぜる。

おかず3　小松菜レンジ卵　（塩味）

材料

卵…1個
小松菜の葉…2枚（おかず2から使用）
塩…少々

作り方

1 ボウルにオーブンシートを敷いて、小松菜の葉1枚を敷く。
2 卵を割り入れ、キッチンバサミで卵黄を3か所刺して、卵白を7か所切る（爆発防止）。
3 塩を加えて、小松菜の葉を重ねる。
4 電子レンジで1分加熱する。
5 冷めたらキッチンバサミで半分に切る。

同時調理ガイド

START

おかず1

レンジで
蒸し鶏

おかず2

小松菜と
焼きキノコ
和え

① トースター5分30秒

耐熱皿にエノキを広げ、バターをちらして、トースターで焼く。

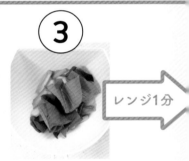

③ レンジ1分

ボウルに小松菜を入れ、電子レンジで加熱する。

おかず3

小松菜
レンジ卵

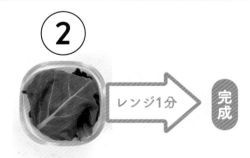

② レンジ1分 完成

小松菜と卵を重ねて（右ページ参照）、電子レンジで加熱。

3品10分で完成

4

レンジ1分 →

6

レンジ30秒 →

8

完成

ボウルに、水大さじ1（分量外）、**A**を入れる。塩を0.5gずつ、鶏むね肉の裏と表にまんべんなくふる。電子レンジで加熱。

A
・鶏むね肉
・酒

鶏むね肉をひっくり返して、電子レンジで加熱。

B
・砂糖
・しょうゆ
・酢

Bを加えて混ぜる。

→

5

冷水を加えてさっと冷やす。

7

完成

①に水気を絞った小松菜と、**A**を加えて混ぜる。

A
・しょうゆ
・かつお節
・ニンニク（チューブ）

小松菜と卵の重ね方

1

ボウルにオーブンシートを敷いて、小松菜の葉1枚を敷く。

2

卵を割り入れ、爆発防止のため、キッチンバサミで卵黄を3か所刺す。

3

卵白を7か所切る。塩を加えて小松菜の葉を重ねる。

Day 5　オムライス弁当

週の最後は、鶏肉を残り野菜と一緒に混ぜ込んでオムライスに。
薄焼き卵は多少いびつでも、この方法なら、簡単キレイに巻ける。

おかず1　ケチャップライス　ケチャップバター味

材料

鶏むね肉…60g
　（キッチンバサミで一口大に切る）
玉ねぎ…30g（スライサーでスライス）
エノキ…20g（キッチンバサミで3cm幅に切る）
バター…5g

A
　温かいごはん…180g
　コショウ…少々
　塩…少々
　ケチャップ…大さじ2
　酒…小さじ1

作り方

1 直径26cmのフライパンにバターを熱し、玉ねぎとエノキを1分30秒焼く。
2 鶏むね肉を加えて2分焼く。
3 Aを加えて2分焼く。

おかず2　薄焼き卵　塩味

材料

サラダ油…小さじ½

A
　卵…1個
　塩…少々
　牛乳…大さじ1
　片栗粉…小さじ½

※トッピング
ケチャップ…適量

作り方

1 ボウルにAを入れてよく混ぜ合わせる。
2 直径26cmのフライパンにサラダ油を加え、全体に薄く伸ばして強めの中火で熱する。1を2に流し入れ、フライパンをまわして卵を広げる。すぐにフタをして1分焼く。
3 卵に火が通ったら、火を消し、スプーンで卵の周りをはがす。フライパンを返し、大きめの平皿に卵を移す。
4 オムライスの卵の包み方はP29参照。

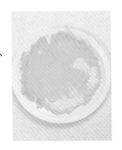

おかず3　小松菜の粉チーズ和え　チーズ味

材料

A
　小松菜…1株
　（40g／キッチンバサミで3cm幅に切る）
　玉ねぎ…15g（スライサーでスライス）

B
　粉チーズ…大さじ½
　コショウ…少々
　ニンニク（チューブ）…1cm
　オリーブオイル…小さじ½

作り方

1 ボウルにAを入れて電子レンジで1分30秒加熱する。
2 1に冷水（分量外）を加えてさっと冷やし、水気を絞ってBを加えて混ぜる。

START

おかず1

ケチャップ
ライス

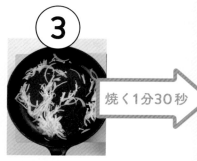

焼く1分30秒

直径26cmのフライパ
ンにバターを熱し、玉
ねぎとエノキを焼く。

おかず2

薄焼き卵

A

・卵
・塩
・牛乳
・片栗粉

ボウルにAを入れて混ぜ合わせ
ておき、直径26cmのフライパ
ンにサラダ油を伸ばして強めの
中火で熱したら流し入れ、卵を
広げる。すぐにフタをして焼く。

焼く1分

完成

卵に火が通ったら、火を
消し、スプーンで卵の周
りをフライパンからはが
す。フライパンを返し、
大きめの平皿に卵を移す。

おかず3

小松菜の
粉チーズ
和え

3品10分で完成

A
・温かいごはん
・コショウ
・塩
・ケチャップ
・酒

⑤ → 焼く2分 → **⑥** → 焼く2分 → 完成

鶏むね肉を加えて焼く。

Aを加えて焼く。

オムライスの包み方

  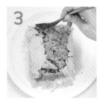 

1 弁当箱にケチャップライスを詰め込む。

2 薄焼き卵の中央に、弁当箱をひっくり返してケチャップライスをのせる。

3 スプーンで卵の端を折り返す。

4 弁当箱を再びかぶせる。

5 卵がのっていた皿と、弁当箱を一緒にひっくり返す。最後にケチャップをかける。

④ → レンジ1分30秒 →

ボウルにAを入れ、電子レンジで加熱する。

A
・小松菜
・玉ねぎ

⑦ → 完成

B
・粉チーズ
・コショウ
・ニンニク（チューブ）
・オリーブオイル

冷水を加えてさっと冷やし、水気を絞って、Bを加えて混ぜる。

包丁を使わない鶏肉の切り方

鶏むね肉や鶏ささみは、キッチンバサミで簡単に切ることができるので、
包丁もまな板も使うことなく洗い物が減ります。

鶏むね肉

鶏皮ははずして一口大に切り、残りの肉は、厚みがあると火の通りが悪いので、キッチンバサミで薄く開き、繊維に逆らうように一口大に切ります。こうすると火の通りも均一になり、固くなりにくいです。

鶏ささみ肉

キッチンバサミで白く太い筋を取り除き、縦に切り開き、斜め薄切りにします（筋はフォークで押さえて取り除いてもよい）。火の通りが良くなり食感も柔らかく仕上がります。

刃がはずせるハサミなら、P20のようにめん棒を使わずに肉をたたく処理もでき、洗いやすい（下村工業）。

2週目

合いびき肉の弁当5種

合いびき肉を使って、ドライカレー風（Day1）、ハンバーグ（Day2）、
デミソース（Day3）、スパニッシュオムレツ（Day4）、肉じゃが（Day5）に変化させる週。
ひき肉の塊の大きさ によっても肉感に変化を出したり、
加熱したひき肉から出るうまみをだしのように活用して
キャベツやじゃがいもに吸収させて味わいを深めるお弁当も！

買い物リスト

合いびき肉	270 g	373 円
卵	3 個	90 円
キャベツ	270 g	65 円
ニンジン	85 g	43 円
玉ねぎ	150 g	28 円
じゃがいも	320 g	136 円
合計		**735 円**

Day 1 ひき肉カレー弁当

ひき肉をじゃがいもと一緒に炒めて、ドライカレー風の一品に。
副菜の焼きキャベツマリネと海苔卵が、いいコンビ。

おかず1　ひき肉カレー　（カレー味）

材料

じゃがいも…70g（芽は取り除く）

A
| サラダ油…小さじ½
| 合いびき肉…60g
| 玉ねぎ…30g（スライサーでスライス）
| ニンジン…10g（すりおろす／小さじ2）
| ニンニク（チューブ）…1cm
| ショウガ（チューブ）…1cm

B
| カレー粉…小さじ½
| ケチャップ…小さじ1と½
| 中濃ソース…小さじ1と½

作り方

1 じゃがいもをさらしで包んで水で湿らせる。ボウルに入れて、電子レンジで2分40秒加熱する。
2 フライパンでAを2分30秒焼く。
3 キッチンバサミでじゃがいもを4つに切って、2のフライパンに入れ、1分焼く。
4 Bを加えて1分焼く。

おかず2　焼きキャベツマリネ　（ニンニク酢味）

材料

A
| キャベツ…40g
| 　（手でちぎり、芯はスライサーでスライス）
| ニンジン…10g（ピーラーでスライス）
| オリーブオイル（またはサラダ油）
| 　…小さじ½
| ニンニク（チューブ）…1cm
| 乾燥バジル…小さじ¼
| 砂糖…小さじ¼

B
| 酢…小さじ½
| オリーブオイル…小さじ½
| 塩…少々
| コショウ…少々

作り方

1 耐熱皿にAを入れて混ぜ合わせ、トースターで8分焼く。
2 Bを加えて混ぜる。

おかず3　海苔卵　（塩味）

材料

卵…1個
海苔　4つ切り…2枚
　（半分に切り4枚にする）
塩…少々

作り方　（P88参照）

1 小さめの耐熱容器にオーブンシートを敷き、2枚の海苔を重ねて、卵を割り入れる。
2 キッチンバサミで卵黄を3か所刺し、卵白を7か所切る（爆発防止）。
3 2に塩をかけて、さらに2枚の海苔を重ねる。
4 電子レンジで1分加熱する。
5 冷めたらキッチンバサミで半分に切る。

START

おかず1

ひき肉
カレー

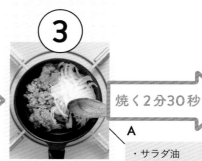

①

じゃがいもをさらしで
包んで水で湿らせる。
ボウルに入れて、電子
レンジで加熱する。

レンジ2分40秒

③

フライパンでAを焼く。

焼く2分30秒

A
・サラダ油
・合いびき肉
・玉ねぎ
・ニンジン
・ニンニク（チューブ）
・ショウガ（チューブ）

おかず2

焼きキャベツ
マリネ

②

トースター8分

耐熱皿にAを入れて混
ぜ合わせ、トースター
で焼く。

A
・キャベツ
・ニンジン
・オリーブオイル
　（またはサラダ油）

おかず3

海苔卵

3品10分で完成

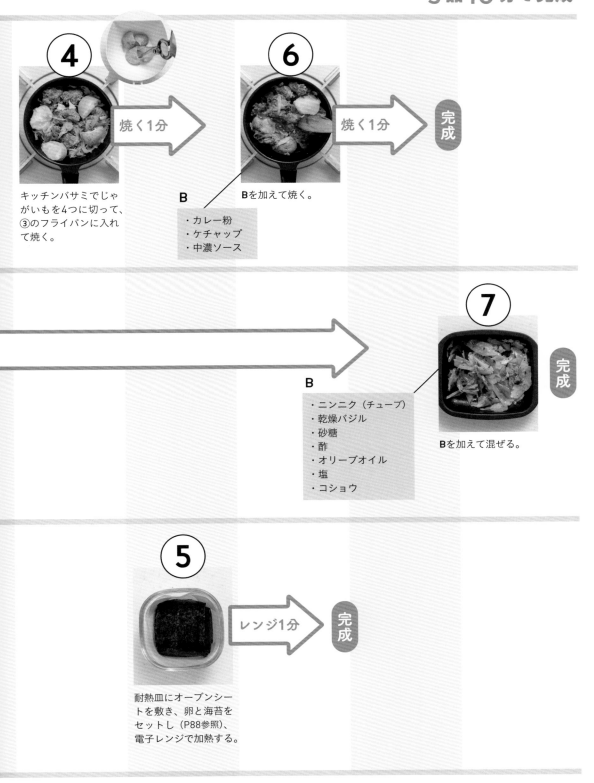

④ 焼く1分 → **⑥** 焼く1分 → **完成**

キッチンバサミでじゃがいもを4つに切って、③のフライパンに入れて焼く。

B

Bを加えて焼く。

・カレー粉
・ケチャップ
・中濃ソース

B

・ニンニク（チューブ）
・乾燥バジル
・砂糖
・酢
・オリーブオイル
・塩
・コショウ

⑦ **完成**

Bを加えて混ぜる。

⑤ レンジ1分 → **完成**

耐熱皿にオーブンシートを敷き、卵と海苔をセットし（P88参照）、電子レンジで加熱する。

Day 2　キャベツハンバーグ弁当

ひき肉にキャベツでかさましして、満足度の高いハンバーグに。
副菜の桜えび青海苔味と、チーズ味で奥行きある味わい。

おかず1　キャベツハンバーグ　（玉ねぎしょうゆ味）

材料

キャベツ…50g（葉は手でちぎり、
　芯はキッチンバサミで7mm幅に斜め切り）
サラダ油…小さじ½

A
｜合いびき肉…60g
｜パン粉…大さじ1
｜塩…少々
｜コショウ…少々

｜酒…大さじ1
｜水…大さじ2
B 砂糖…小さじ½
｜しょうゆ…小さじ1
｜玉ねぎ…5g（すりおろす／小さじ1）

作り方

1 キャベツを電子レンジで40秒加熱する。
2 ボウルにAを入れてスプーンで混ぜる。
3 キャベツを一度冷水で冷やしてから、水気を絞って2に加え、手で混ぜる。
4 フライパンにサラダ油を熱し、3を2つの俵形に成形して1分30秒焼く。
5 焼き色がついたら裏返して1分焼き、Bを加えフタをして蒸し焼き2分。

おかず2　キャベツの桜えび青海苔焼き　（桜えび青海苔味）

材料

A
｜キャベツ…50g（葉は手でちぎり、
　芯はキッチンバサミで7mm幅に斜め切り）
｜桜えび…5尾
｜サラダ油…小さじ½

B
｜しょうゆ…小さじ¼
｜青海苔…小さじ½

作り方

1 耐熱皿にAを広げ（桜えびは焦げやすいので上部に出ないようにキャベツで覆う）、トースターで9分焼く。
2 Bを加えて混ぜ合わせる。

おかず3　じゃがいも粉チーズ和え　（チーズ味）

材料

じゃがいも…70g（芽は取り除く）

A
｜粉チーズ…大さじ½
｜ニンジン…5g（すりおろす／小さじ1）
｜コショウ…少々
｜オリーブオイル…小さじ½

作り方

1 じゃがいもはさらしで包んで水をかけて湿らせボウルに入れ、電子レンジで2分40秒加熱する。
2 1をキッチンバサミで4つに切り分け、Aを加えて混ぜ合わせる。

同時調理ガイド

START

おかず1

キャベツ
ハンバーグ

① キャベツを電子レンジ
で加熱する。

レンジ40秒

A

・合いびき肉
・パン粉
・塩
・コショウ

③ ボウルにAを入れてス
プーンで混ぜる。

④ キャベツを一度冷水で
冷やしてから、水気を
絞って③に加え混ぜ
る。

キャベツは一
緒に切って分
けるとよい。

おかず2

キャベツの
桜えび
青海苔焼き

②

トースター9分

A

・キャベツ
・桜えび
・サラダ油

耐熱皿にAを広げ（桜
えびは焦げるので上部
に出ないようにキャベ
ツで覆う）、トースタ
ーで焼く。

おかず3

じゃがいも
粉チーズ和え

3品10分で完成

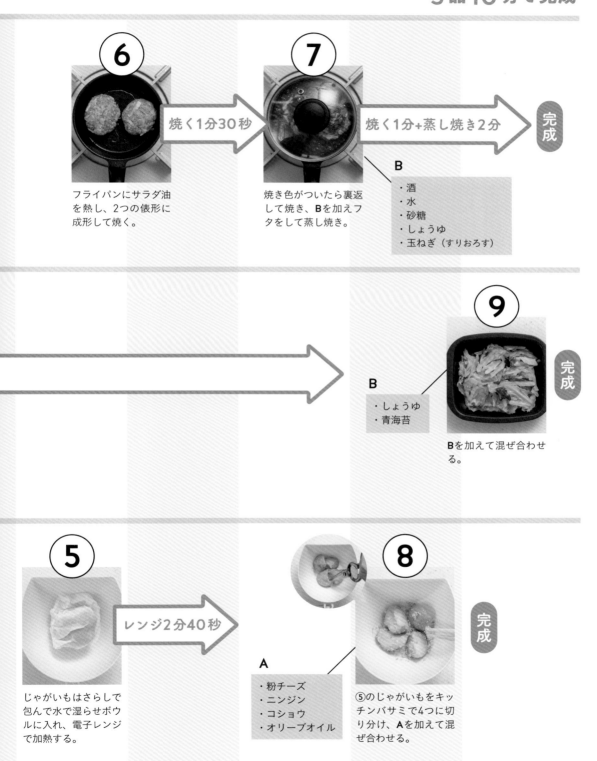

6 → 焼く1分30秒 → **7** → 焼く1分+蒸し焼き2分 → 完成

フライパンにサラダ油を熱し、2つの俵形に成形して焼く。

焼き色がついたら裏返して焼き、**B**を加えフタをして蒸し焼き。

B
・酒
・水
・砂糖
・しょうゆ
・玉ねぎ（すりおろす）

9 → 完成

B
・しょうゆ
・青海苔

Bを加えて混ぜ合わせる。

5 → レンジ2分40秒 → **8** → 完成

じゃがいもはさらしで包んで水で湿らせボウルに入れ、電子レンジで加熱する。

A
・粉チーズ
・ニンジン
・コショウ
・オリーブオイル

⑤のじゃがいもをキッチンバサミで4つに切り分け、**A**を加えて混ぜ合わせる。

Day 3 キャベツデミソース ポテトサラダ弁当

ひき肉とキャベツに洋風デミソースで満足度の高いおかず。
副菜のマヨ味と、カレー味で風味を出して。

おかず1 キャベツデミソース デミソース味

材料

A
- サラダ油…小さじ½
- 合いびき肉…60g
- 塩…少々
- コショウ…少々
- 玉ねぎ…15g（スライサーでスライス）

小麦粉…小さじ¼

B
- 酒…小さじ1
- ケチャップ…小さじ1
- ウスターソース…小さじ1
- 砂糖…小さじ¼
- 水…大さじ2
- コンソメ…少々

キャベツ…15g
粉チーズ…小さじ½

作り方

1 Aを混ぜ合わせてフライパンに入れ、平べったい塊になるようにくずさずに2分30秒焼き、3つに割る。
2 小麦粉を加えて、30秒焼く。Bを加えて1分30秒煮る。
3 おかず2の2でまとめて加熱したキャベツを加えて、さっと10秒煮る（キャベツはあまり混ぜない）。
4 弁当箱に詰める時に粉チーズをかける。

おかず2 キャベツポテトサラダ マヨネーズ味

材料

じゃがいも…60g（芽は取り除く）
キャベツ…15g（葉は手でちぎり、2cm×3cmにする、芯はキッチンバサミで7mm幅に斜め切り）

A
- 玉ねぎ…5g（すりおろす／小さじ1）
- 砂糖…少々
- 塩…少々
- コショウ…少々
- マヨネーズ…小さじ1

作り方

1 じゃがいもをさらしで包んで水で湿らせる。電子レンジで2分30秒加熱する。
2 別のボウルにキャベツ（おかず1の分もまとめて30g）を入れて電子レンジで1分加熱する。
3 じゃがいもをスプーンでつぶす。2のキャベツ半量とAを加えて混ぜ合わせる。

おかず3 ニンジンカレーサラダ カレー味

材料

A
- 玉ねぎ…30g（スライサーでスライス）
- ニンジン…20g（ピーラーでスライス）
- サラダ油…小さじ½

B
- カレー粉…少々
- 砂糖…少々
- 酢…小さじ1
- 塩…少々

作り方

1 耐熱皿にAを入れて混ぜる。トースターで7分焼く。
2 Bを加えて混ぜ合わせる。

START

おかず1

キャベツ
デミソース

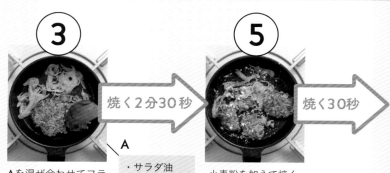

焼く2分30秒　　焼く30秒

Aを混ぜ合わせてフライパンに入れ、平べったい塊になるようにくずさずに焼き、3つに割る。

A
・サラダ油
・合いびき肉
・塩
・コショウ
・玉ねぎ

小麦粉を加えて焼く。

おかず2

キャベツ
ポテトサラダ

レンジ2分30秒

じゃがいもをさらしで包んで水で湿らせ、電子レンジで加熱する。

レンジ1分

別のボウルにキャベツ（おかず1の分もまとめて30ｇ）を入れて電子レンジで加熱する。

おかず3

ニンジン
カレーサラダ

トースター7分

耐熱皿にAを入れて混ぜる。トースターで焼く。

A
・玉ねぎ
・ニンジン
・サラダ油

3品10分で完成

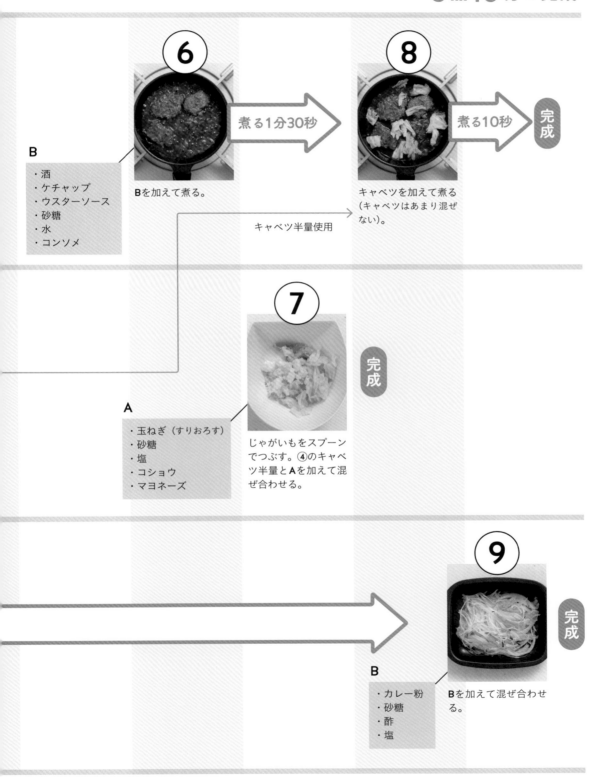

B
・酒
・ケチャップ
・ウスターソース
・砂糖
・水
・コンソメ

⑥ Bを加えて煮る。

煮る1分30秒 →

⑧ キャベツを加えて煮る（キャベツはあまり混ぜない）。

煮る10秒 → 完成

キャベツ半量使用

A
・玉ねぎ（すりおろす）
・砂糖
・塩
・コショウ
・マヨネーズ

⑦ 完成

じゃがいもをスプーンでつぶす。④のキャベツ半量とAを加えて混ぜ合わせる。

B
・カレー粉
・砂糖
・酢
・塩

⑨ 完成

Bを加えて混ぜ合わせる。

Day 4　スパニッシュ
オムレツ弁当

週の後半は、ひき肉や残り野菜を混ぜ込んで、スパニッシュオムレツに。
副菜のピリ辛焼きキャベツがいいアクセント。

おかず1　スパニッシュオムレツ　チーズ味

材料

じゃがいも…50ｇ（芽は取り除く）

キャベツ…30ｇ（葉は手でちぎり、2cm×3cmにする。
　芯はキッチンバサミで7mm幅に斜め切り）

サラダ油　小さじ½

A
| 合いびき肉…30ｇ
| 塩…少々
| コショウ…少々
| 玉ねぎ…30ｇ（スライサーでスライス）
| ニンジン…10ｇ（すりおろす／小さじ2）

B
| 卵…1個
| 塩…少々
| コショウ…少々
| 粉チーズ…大さじ½

バター…5ｇ

作り方

1　じゃがいもをさらしで包んで水で湿らせ、電子レンジで1分40秒加熱する。キャベツを加えてさらに電子レンジで1分加熱する。

2　フライパンにサラダ油を熱しAを2分焼く。

3　キャベツの水気を拭き取り、じゃがいもをキッチンバサミで4つに切り分ける。Bを加えて混ぜ、2を加えて混ぜ合わせる。

4　空いたフライパンにバターを熱し、3を流し入れてフタをし、弱火で3分焼く。

5　平皿にオムレツをのせる（焼いた面が上になるように）。オムレツを平皿からスライドさせるようにフライパンに戻して反対側も30秒焼く。

6　冷めたらキッチンバサミで切る。

おかず2　ピリ辛焼きキャベツ　ピリ辛味

材料

A
| キャベツ…50ｇ（葉は手でちぎり、
| 　2cm×3cmにする。芯はキッチンバサミで
| 　7mm幅に斜め切り）
| 小口切り唐辛子…5個
| ニンニク（チューブ）…1cm
| オリーブオイル…小さじ1
| コショウ…少々

塩…少々

作り方

1　耐熱皿にAを入れて（唐辛子は焦げやすいのでキャベツに隠す）、トースターで8分焼く。

2　塩を加えて混ぜ合わせる。

START

おかず1

スパニッシュ
オムレツ

A
- ・合いびき肉
- ・塩
- ・コショウ
- ・玉ねぎ
- ・ニンジン

③ 焼く2分

フライパンにサラダ油
を熱し、**A**を焼く。

② レンジ1分40秒+1分

じゃがいもをさらしで
包んで水で湿らせ、電
子レンジで加熱する。
キャベツを加えて電子
レンジでさらに加熱す
る。

おかず2

ピリ辛
焼き
キャベツ

① トースター8分

耐熱皿に**A**を入れて
(唐辛子は焦げやすいの
でキャベツに隠す)、ト
ースターで焼く。

A
- ・キャベツ
- ・小口切り唐辛子
- ・ニンニク(チューブ)
- ・オリーブオイル
- ・コショウ

2品10分で完成

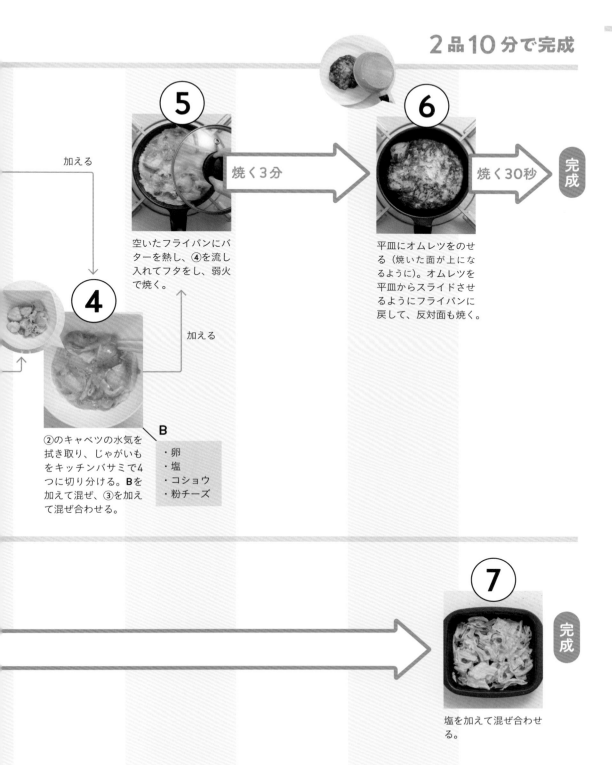

加える

⑤
空いたフライパンにバターを熱し、④を流し入れてフタをし、弱火で焼く。

焼く3分 →

⑥
平皿にオムレツをのせる（焼いた面が上になるように）。オムレツを平皿からスライドさせるようにフライパンに戻して、反対面も焼く。

焼く30秒 → 完成

④
②のキャベツの水気を拭き取り、じゃがいもをキッチンバサミで4つに切り分ける。Bを加えて混ぜ、③を加えて混ぜ合わせる。

加える

B
・卵
・塩
・コショウ
・粉チーズ

⑦
塩を加えて混ぜ合わせる。

完成

2週目　合いびき肉の弁当5種

Day 5　ひき肉じゃが弁当

ひき肉とじゃがいもは相性バツグンの組み合わせ。みりんじょうゆで和風味に。
副菜は揚げ玉を使ってコクを出したものと、赤しそふりかけと酢で酸味も。

おかず1　ひき肉じゃが　みりんじょうゆ味

材料

じゃがいも…70ｇ（芽は取り除く）

A
| サラダ油…小さじ½
| 合いびき肉…60ｇ
| 玉ねぎ…35ｇ（スライサーでスライス）

B
| かつお節…小さじ½
| 塩昆布…大さじ½
| 水…90㎖

C
| 砂糖…小さじ½
| みりん…小さじ1
| しょうゆ…小さじ1

作り方

1　じゃがいもをさらしで包んで水で湿らせ、電子レンジで2分40秒加熱する。

2　フライパンでAを3分焼く。Bを電子レンジで1分加熱しておく。

3　キッチンバサミでじゃがいもを4つに切り分け、2のフライパンに加え、加熱したBの水分のみ加え、Cを加えて3分煮る。

おかず2　キャベツ卵とじ　揚げ玉しょうゆ味

材料

キャベツ…20ｇ（葉は手でちぎり、
　芯はキッチンバサミで7mm幅に
　斜め切りしたのち刻む）

卵…1個

A
| だしがら
| 　（おかず1の作り方3の水分以外の残り）
| 揚げ玉…大さじ½
| しょうゆ…小さじ½

作り方

1　ボウルにキャベツを入れ電子レンジで30秒加熱する。

2　キャベツの水気を拭き取り、卵とAを加えて混ぜ合わせ、電子レンジで30秒加熱する。

3　一度電子レンジから取り出し、軽く混ぜ合わせて、電子レンジで1分加熱する。

4　冷めたらキッチンバサミで切る。

おかず3　ニンジンごま赤しそ和え　赤しそと酢味

材料

A
| ニンジン…30ｇ（ピーラーでスライス）
| サラダ油…小さじ½
| 白すりごま…小さじ1
| 赤しそふりかけ…小さじ¼

酢…小さじ½

作り方

1　耐熱皿にAを入れて混ぜ合わせ、トースターで5分焼く。

2　酢を加えて混ぜる。

同時調理ガイド

おかず1

ひき肉
じゃが

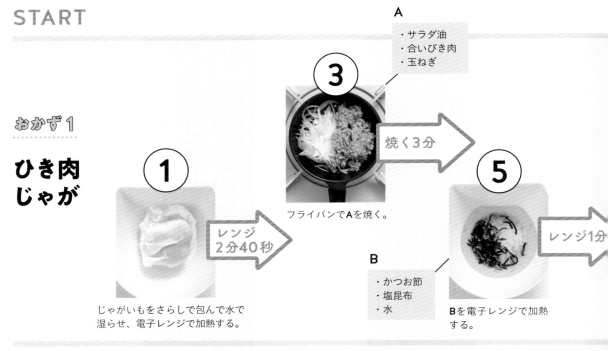

A
- サラダ油
- 合いびき肉
- 玉ねぎ

①
レンジ
2分40秒

じゃがいもをさらしで包んで水で
湿らせ、電子レンジで加熱する。

③
焼く3分

フライパンでAを焼く。

B
- かつお節
- 塩昆布
- 水

⑤
レンジ1分

Bを電子レンジで加熱
する。

おかず2

キャベツ
卵とじ

④
レンジ30秒

ボウルにキャベツを入
れ電子レンジで加熱す
る。

おかず3

ニンジンごま
赤しそ和え

A
- ニンジン
- サラダ油
- 白すりごま
- 赤しそふりかけ

②
トースター5分

耐熱皿にAを入れて混ぜ合わ
せ、トースターで加熱する。

3品10分で完成

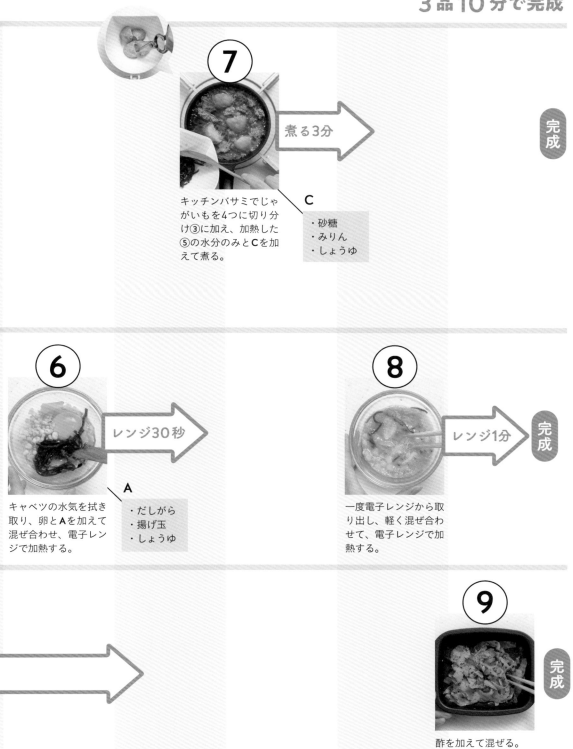

⑦

煮る3分 →

完成

キッチンバサミでじゃがいもを4つに切り分け③に加え、加熱した⑤の水分のみとCを加えて煮る。

C
・砂糖
・みりん
・しょうゆ

⑥

レンジ30秒 →

A
・だしがら
・揚げ玉
・しょうゆ

キャベツの水気を拭き取り、卵とAを加えて混ぜ合わせ、電子レンジで加熱する。

⑧

レンジ1分 → 完成

一度電子レンジから取り出し、軽く混ぜ合わせて、電子レンジで加熱する。

→

⑨

完成

酢を加えて混ぜる。

包丁を使わない野菜の切り方

キッチンバサミやスライサー、ピーラーを使えば、包丁やまな板を使わないので
場所を取らず、手際良く作れます。葉物野菜は、手でちぎるかキッチンバサミで。
硬い野菜はスライサーやピーラーで薄くスライスすると加熱も早くなります。

ニンジン

ニンジンはおろし金で細かくするとみじん切り代わり
に。これを卵に混ぜると色鮮やかな仕上がりに。加熱
時間を短縮したい場合、ピーラーで薄切りにすると火
が通りやすくなり、調理時間が短くなることで、ニン
ジンを使った料理のバリエーションが広がります。

玉ねぎ

玉ねぎをおろし金で細かくすれば、即席の調味料とし
て活躍。ドレッシングやソースに加えることで、甘み
とうまみが一層深まります。スライサーで切れば、均
一な厚みで調理がしやすくなり、さらに火の通りも早
くなります。

キャベツ

キッチンバサミでキャベツの芯に沿って刃を入れ、葉と芯を分離します。葉は最初に大きくちぎり、小さくな
ったら重ねてさらにちぎると時短になります。硬い芯は斜めに切って断面積を大きくするとよいです。太い芯
部分はスライサーで薄切りにすることもでき、淡白な味付けの時に向いています。

ピーマン

ピーマンのヘタは親指で押し込み、キッチンバサミで
周囲の実を切って取り除きます。実の部分はキッチン
バサミで切るか、手で簡単にちぎることができます。

じゃがいも

小さいものは皮をむか
なくてもOKですが、
必要ならピーラーで皮
をむきます。芽はピー
ラーの先端で取り除き
ます。さらしで包み、
水で湿らせて、電子レ
ンジで蒸して柔らかく
し、キッチンバサミで
切ります。

3週目

鶏ささみ肉 の 弁当5種

鶏ささみを、揚げ焼きしたり、焼いたり、蒸したり、卵でとじる調理法でアレンジ。
ささみは淡白なので中濃ソース（Day1）、チリソース味（Day2）、バターしょうゆ味（Day3）、
梅チーズ味（Day4）、親子丼（Day5）と濃いめの味付けメニューに変化させるのがポイント。

買い物リスト

鶏ささみ肉	350 g	448 円
卵	5 個	150 円
冷凍ほうれん草	150 g	179 円
長ねぎ	100 g	64 円
エリンギ	90 g	103 円
スライスチーズ	1 枚	44 円
合計		**988 円**

3週目　鶏ささみ肉の弁当5種
Day 1　ささみフライ弁当

ささみは揚げ焼きにして、食べ応えのあるメインおかずに。
卵とじは和風しょうゆ味に。ほうれん草と長ねぎは、梅しょうゆ味で変化を出して。

同時調理ガイド

START ————————————————————————————————→ 3品10分で完成

① エリンギ卵とじ	② ささみフライ	④ ささみフライ	⑥ エリンギ卵とじ	⑦ ほうれん草のねぎ梅和え	⑧ ささみフライ	⑨ エリンギ卵とじ	⑩ ほうれん草のねぎ梅和え
レンチンしている間に次へ 作り方1	ささみを切る・チーズをはさむ 作り方1	揚げ衣をつける 作り方2	レンチンしている間に次へ 作り方3	レンチンしている間に次へ 作り方1	蒸し焼きにする 作り方4	レンチンしている間に次へ 作り方4	長ねぎと調味料を加えて混ぜる。 作り方2

③ エリンギ卵とじ
卵を混ぜる
作り方2

⑤ ささみフライ
焼いている間に次へ
作り方3

おかず1 ささみフライ 中濃ソース味

材料

鶏ささみ肉…70g
スライスチーズ…½枚(9g)

A
溶き卵…小さじ1
　(おかず2から使用)
小麦粉…小さじ1
水…小さじ1

パン粉…小さじ2
サラダ油…大さじ1と½
※トッピング
中濃ソース…適量

作り方

1 鶏ささみ肉をキッチンバサミで切り開く(P30参照)。スライスチーズを鶏ささみ肉の中央にのせて折りたたむ。ボウルに入れる。
2 ボウルの空いているスペースで**A**を混ぜて、鶏ささみ肉全体につける。パン粉をつける。
3 フライパンにサラダ油を熱し、弱めの中火でこんがり2分焼く。
4 焼き目がついたら裏返して弱火で揚げ焼きにし、フタをして蒸し焼き3分。
5 粗熱が取れたらキッチンバサミで切る。

おかず2 エリンギ卵とじ 和風しょうゆ味

材料

A
エリンギ…10g
　(半分に裂いて3cmの長さに切る)
長ねぎ…10g(スライサーでスライス)
かつお節…小さじ1
みりん…小さじ½
しょうゆ…小さじ⅓
水…大さじ2

溶き卵…1個分(小さじ1分はおかず1で使用)

作り方

1 ボウルに**A**を入れ、電子レンジで1分加熱する。
2 溶き卵を加えて混ぜ合わせる。
3 電子レンジで30秒加熱する。
4 一度取り出し、軽く混ぜ合わせて、電子レンジで1分加熱する。
5 冷めたらキッチンバサミで切る。

おかず3 ほうれん草のねぎ梅和え 梅しょうゆ味

材料

冷凍ほうれん草…30g

A
長ねぎ…10g(スライサーでスライス)
梅(チューブ)…2cm
オリーブオイル…小さじ½
しょうゆ…小さじ¼

作り方

1 ボウルに水で濡らしたさらしを敷いて、冷凍ほうれん草を包み、電子レンジで1分加熱する。
2 水気を軽く拭き取り、**A**を加えて混ぜ合わせる。

Day 2 ささみチリソース弁当

ささみはチリソースで中華風。ほうれん草の卵とじは、めんつゆチーズ味に。
エリンギのレンチン蒸しは酢じょうゆ味でさっぱりと。

同時調理ガイド

START ➝ 3品10分で完成

①	②	③	④	⑤	⑥	⑦	⑧
エリンギの酢じょうゆ和え	ささみチリソース	ほうれん草と卵のチーズとじ	エリンギの酢じょうゆ和え	ほうれん草と卵のチーズとじ	ささみチリソース	ほうれん草と卵のチーズとじ	ささみチリソース
レンチンしている間に次へ	ささみを切り焼いている間に次へ	レンチンしている間に次へ	水気を拭き取り調味料を加えて混ぜる	卵と調味料を加えて混ぜレンチン	野菜と調味料を加えて焼く。	調味料を加えてレンチン	肉と調味料を加えて煮詰める
作り方1	作り方1〜3	作り方1	作り方2	作り方2	作り方4	作り方3	作り方5

おかず1 ささみチリソース チリソース味

材料

鶏ささみ肉…70g
酒…小さじ½
片栗粉…小さじ1と½
サラダ油…大さじ½

A
長ねぎ…15g（スライサーでスライス）
豆板醤…小さじ¼
ショウガ（チューブ）…1cm
ニンニク（チューブ）…1cm
ケチャップ…大さじ⅔
砂糖…小さじ½
しょうゆ…小さじ¼

B
鶏ガラスープの素…少々
水…大さじ2

作り方

1 鶏ささみ肉の白く太い筋をキッチンバサミで切り、斜め細切り、一口大に切り分ける。
2 鶏ささみ肉にフォークで穴をあけ（1切れ2〜3か所）、酒をかけて混ぜ合わせ、片栗粉をかけて混ぜ合わせる。
3 フライパンにサラダ油を熱し、2を30秒焼く。焼き目がついたら裏返し、フタをして蒸し焼き1分30秒。
4 一度肉を取り出す。キッチンペーパーでフライパンの油を半分拭き取り、Aを焼く。
5 Bと鶏ささみ肉を入れてさっと煮詰める。

おかず2 ほうれん草と卵のチーズとじ めんつゆチーズ味

材料

冷凍ほうれん草…20g

A
卵…1個
粉チーズ…小さじ½
めんつゆ（2倍濃縮）…小さじ1

作り方

1 ボウルに水で濡らしたさらしを敷いて、冷凍ほうれん草を包み、電子レンジで30秒加熱する。
2 Aを加えて混ぜ合わせ、電子レンジで30秒加熱する。
3 一度電子レンジから取り出し、軽く混ぜ合わせて、電子レンジで1分加熱する。
4 冷めたらキッチンバサミで切る。

おかず3 エリンギの酢じょうゆ和え 酢じょうゆ味

材料

A
エリンギ…30g
（半分に裂いて3cmの長さに切る）
長ねぎ…10g（スライサーでスライス）
水…大さじ½

B
しょうゆ…小さじ½
砂糖…小さじ½
酢…小さじ1
ごま油…小さじ⅔

作り方

1 ボウルにAを入れて、電子レンジで1分30秒加熱する。
2 水気を拭き取り、Bを加えて混ぜる。

Day 3 バターしょうゆ焼き弁当

ささみはバターしょうゆ焼き。エリンギは炒めるとうまみが引き出されて弾力のある食感になる。
ほうれん草はごましょうゆ味で香ばしく、だし巻き卵の隠し味は塩昆布。

同時調理ガイド

START ➡ 3品10分で完成

①	②	③	④	⑤	⑥	⑦	⑧
レンジで だし巻き卵	ささみバター しょうゆ焼き	ささみバター しょうゆ焼き	ほうれん草の ごま和え	ささみバター しょうゆ焼き	ほうれん草の ごま和え	レンジで だし巻き卵	レンジで だし巻き卵
レンチンしてい る間に次へ	ささみを切り、 焼く	エリンギを加え て焼く	レンチンしてい る間に次へ	調味料を加えて 蒸し焼き	調味料を混ぜる	卵と調味料を合 わせてレンチン	折りたたむ
作り方1	作り方1~3	作り方4	作り方1	作り方5	作り方2	作り方2~3	作り方4

おかず1　ささみバターしょうゆ焼き（バターしょうゆ味）

材料

鶏ささみ肉…70ｇ
A｜酒…小さじ½
　｜しょうゆ…小さじ¼
片栗粉…小さじ1
サラダ油…小さじ1
エリンギ…10ｇ（半分に裂いて3㎝の長さに切る）
　｜長ねぎ…15ｇ（スライサーで薄切り）
　｜バター…3ｇ
B｜ニンニク（チューブ）…1㎝
　｜酒…小さじ½
　｜みりん…小さじ1
　｜しょうゆ…小さじ1

作り方

1　鶏ささみ肉の白く太い筋をキッチンバサミで切り取り、斜め細切り、一口大に切り分ける。
2　鶏ささみ肉にフォークで穴をあけ（1切れ2〜3か所）、Aをかけて混ぜ、片栗粉をかけて混ぜる。
3　フライパンでサラダ油を熱し2を1分焼く。
4　エリンギを加えて1分焼く。
5　Bを加えて、フタをして蒸し焼き2分。

おかず2　ほうれん草のごま和え（ごましょうゆ味）

材料

冷凍ほうれん草…30ｇ
　｜白すりごま…小さじ1
　｜砂糖…小さじ¼
A｜しょうゆ…小さじ½
　｜かつお節…小さじ1
おかず3の**1**…大さじ½

作り方

1　ボウルに水で濡らしたさらしを敷いて、冷凍ほうれん草を包み、電子レンジで1分加熱する。
2　水気を軽く拭き取り、おかず3の**1**とAを加えて混ぜる。

おかず3　レンジでだし巻き卵（和風だし味）

材料

　｜塩昆布…大さじ½
　｜かつお節…小さじ1
A｜みりん…小さじ1
　｜水…大さじ3
B｜卵…1個
　｜片栗粉…小さじ½

作り方

1　ボウルにAを入れて電子レンジで1分加熱する（おかず2の1の分は取っておく）。
2　Bを加えて混ぜ、電子レンジで30秒加熱する。
3　電子レンジから取り出し、軽く混ぜ合わせて、電子レンジで1分加熱する。
4　熱いうちに半分に折りたたむ。
5　冷めたらキッチンバサミで切る。

Day 4 レンジでささみ梅チーズロール弁当

全部レンジで作るお弁当。鶏ささみ肉の蒸し汁もだしとして卵とじにしっかりと活用。
ほうれん草は、桜えびとごま油を効かせてナムルに。

同時調理ガイド

START ➡ 3品10分で完成

①	②	③	④	⑤	⑥	⑦	⑧
ほうれん草の桜えびナムル	レンジでささみ梅チーズロール	ほうれん草の桜えびナムル	レンジでささみ梅チーズロール	ほうれん草の桜えびナムル	レンジでささみ梅チーズロール	エリンギ塩昆布卵とじ	エリンギ塩昆布卵とじ
レンチンしている間に次へ	ささみを切ってのばす。下味をつけ成形し、レンチン	レンチン	レンチン	調味料を加えて混ぜる	レンチン	蒸し汁に調味料を加えてレンチン	溶き卵を加えてレンチン
作り方1	作り方1〜3	作り方2	作り方4	作り方3	作り方5	作り方1	作り方2

おかず1　レンジでささみ梅チーズロール

（梅チーズ味）

材料

鶏ささみ肉…70g
塩…少々
酒…小さじ½
スライスチーズ…½枚（9g）
梅（チューブ）…3cm

作り方

1　鶏ささみ肉の白く太い筋をキッチンバサミで切り取る。ラップで包んでめん棒でたたき、1.5倍の大きさに伸ばす。
2　塩をふって、酒をかける。鶏ささみ肉の中央にチーズをのせて、梅を均等にのせる。ラップで鶏ささみ肉を巻いて、両脇をねじる。
3　2をボウルに入れて電子レンジで30秒加熱する。
4　鶏ささみ肉を180度回転して、電子レンジで30秒加熱する。
5　さらに、鶏ささみ肉を180度回転して、電子レンジで30秒加熱する（蒸し汁はおかず3で使う）。
6　冷めたらキッチンバサミで一口大に切り分け、ラップをはずす。

おかず2　ほうれん草の桜えびナムル

（桜えびナムル味）

材料

A｜冷凍ほうれん草…30g
　｜長ねぎ…10g（スライサーでスライス）
桜えび…小さじ2
B｜塩…少々
　｜ニンニク（チューブ）…1cm
　｜ごま油…小さじ1

作り方

1　ボウルに水で濡らしたさらしを敷いて、Aを包み電子レンジで1分30秒加熱する。
2　さらしごと1を取り出し、空いたボウルに桜えびを入れ、フタをせずに電子レンジで10秒加熱する。
3　取り出した1とBを加えて混ぜる。

おかず3　エリンギ塩昆布卵とじ

（塩昆布味）

材料

溶き卵…1個分
おかず1のささみの蒸し汁…全量
A｜塩昆布…小さじ1
　｜長ねぎ…10g（スライサーでスライス）
　｜エリンギ…10g
　　（半分に裂いて3cmの長さに切る）

作り方

1　ボウルにおかず1の5の蒸し汁を入れ、Aを加えて、電子レンジで1分加熱する。
2　溶き卵を入れ、電子レンジで1分加熱する。
3　冷めたらキッチンバサミで切る。

Day 5 さささみ親子丼弁当

最終日は親子丼に！　ささみは片栗粉で衣をつけ、少ない油で揚げ焼きにしたら、卵と一緒に煮る。
塩昆布とかつお節を加えるのがポイント。ほうれん草は梅しょうゆ味で。

おかず1 ささみ親子丼 みりんしょうゆ味

材料

鶏ささみ肉…70g

A | 酒…小さじ1
　| しょうゆ…小さじ¼

片栗粉…小さじ1

サラダ油 小さじ1

B | 長ねぎ…20g
　| （キッチンバサミで斜め薄切り）
　| エリンギ…30g
　| （半分に裂いて3cmの長さに切る）

C | 酒…小さじ1
　| みりん…大さじ1と½

D | 塩昆布…小さじ1
　| かつお節…小さじ1
　| しょうゆ…大さじ½
　| 水…大さじ2

溶き卵…1個分

※トッピング

カット海苔…適量

作り方

1 鶏ささみ肉の白く太い筋をキッチンバサミで切り取り、斜め細切り、一口大に切る。

2 鶏ささみ肉にフォークで穴をあけ（1切れ2〜3か所）、Aをかけて混ぜ、片栗粉をかけて混ぜる。

3 フライパンにサラダ油を熱し、2を1分焼く。Bを加えて30秒焼く。

4 ボウルにCを入れ、電子レンジで（フタなしで）40秒加熱。Dを加え、電子レンジで40秒加熱。

5 4の汁を3のフライパンに加えて煮詰める（残った塩昆布とかつお節はおかず2で使う）。

6 フライパンに溶き卵を加え、フタをして蒸し焼き1分半。

おかず2 ほうれん草の梅和え 梅しょうゆ味

材料

冷凍ほうれん草…40g

A | おかず1の5で残った塩昆布とかつお節
　| 　…全量
　| しょうゆ…小さじ¼
　| 梅（チューブ）…1cm

作り方

1 ボウルに水で濡らしたさらしを敷いて、冷凍ほうれん草を包み、電子レンジで1分加熱する。

2 Aを加えて混ぜる。

同時調理ガイド

START ➡ 2品10分で完成

①	②	③	④	⑤	⑥
ほうれん草の梅和え	ささみ親子丼	ささみ親子丼	ささみ親子丼	ほうれん草の梅和え	ささみ親子丼
レンチンしている間に次へ	ささみを切り焼く。野菜と調味料を加えて焼く	調味料をレンチン2回	煮詰める	調味料を加えて混ぜる	卵を加え蒸し焼き
作り方1	作り方1〜3	作り方4	作り方5	作り方2	作り方6

下味冷凍の仕方

鶏肉や鮭を小分けにして下味をつけ冷凍しておけば、くさみを消しながら鮮度を保ち、
当日朝は、切る手間が省け、時短にもつながります。
下味がついた肉や魚は、味がしみ込んで、冷めてもおいしく仕上がります。

鶏むね肉 （4週目／P65〜）

材料 （5日分）

鶏むね肉…400 g
しょうゆ…大さじ½
酒…大さじ1

鶏むね肉をキッチンバサミで一口大に切り分ける。ボウルに鶏むね肉、調味料を入れて混ぜ、保存容器に小分けして冷凍保存する。使用する前日の夜に冷蔵室に移動する。

鮭 （番外編／P101〜）

材料 （5日分）

生鮭（切り身）…350 g
みそ・しょうゆ…各大さじ1
酒…大さじ3
みりん…大さじ2

鮭をキッチンバサミで3つに切り分け、キッチンペーパーで水気を拭き取り、ボウルに材料を入れて混ぜ、保存容器で小分けにして冷凍保存する。使用する前日の夜に冷蔵室に移動する。

4週目

鶏むね肉
の
弁当5種

鶏むね肉を使って、油淋鶏（Day1）、焼き鳥（Day2）、チキンピカタ（Day3）、
磯辺揚げ（Day4）、チキンカツ（Day5）と、中華、和風、洋風へとチェンジさせる週。
鶏むね肉に下味をしっかりつけて冷凍保存（P64参照）しておくと、
加熱に手間のかかる揚げ物などのレシピも手軽にでき、冷めてもおいしいです。

買い物リスト

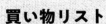

鶏むね肉	400 g	272 円
卵	4 個	120 円
小松菜	200 g	95 円
ニンジン	70 g	35 円
長ねぎ	82 g	53 円
シメジ	90 g	68 円
合計		**643 円**

4週目　鶏むね肉の弁当5種

Day 1　油淋鶏弁当

下味をつけた鶏むね肉は、ニンニクショウガじょうゆで油淋鶏に。小松菜とシメジは
青海苔と塩昆布で香ばしく。卵とじにはニンジンを入れて、鶏ガラスープの素で中華風に。

同時調理ガイド

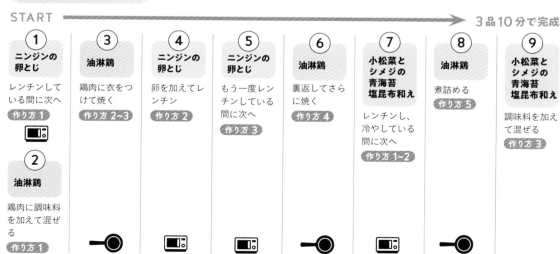

START ───────────────────────────────────→ 3品10分で完成

①
ニンジンの
卵とじ

レンチンして
いる間に次へ
作り方 1

②
油淋鶏

鶏肉に調味料
を加えて混ぜ
る
作り方 1

③
油淋鶏

鶏肉に衣をつ
けて焼く
作り方 2〜3

④
ニンジンの
卵とじ

卵を加えてレ
ンチン
作り方 2

⑤
ニンジンの
卵とじ

もう一度レン
チンしている
間に次へ
作り方 3

⑥
油淋鶏

裏返してさら
に焼く
作り方 4

⑦
小松菜と
シメジの
青海苔
塩昆布和え

レンチンし、
冷やしている
間に次へ
作り方 1〜2

⑧
油淋鶏

煮詰める
作り方 5

⑨
小松菜と
シメジの
青海苔
塩昆布和え

調味料を加え
て混ぜる
作り方 3

おかず1　油淋鶏（ユーリンチー） ニンニクショウガじょうゆ味

材料

鶏むね肉（下味冷凍済み）…80g
豆板醤…小さじ¼
溶き卵…小さじ1（おかず3から使用）
片栗粉…大さじ½
サラダ油…大さじ1

A
ニンニク（チューブ）…1cm
ショウガ（チューブ）…1cm
酢…小さじ1
砂糖…小さじ1
しょうゆ…小さじ1
長ねぎ…7g（キッチンバサミでみじん切り）

作り方

1 ボウルに鶏肉を入れ、水気を軽く拭き取り、豆板醤を加えて混ぜる。
2 溶き卵を加えて混ぜ、片栗粉を加えて混ぜ合わせる。
3 フライパンにサラダ油を熱し、2を1分焼く。
4 鶏肉に焼き目がついたら裏返し、1分30秒焼く。
5 余分な油を拭き取り、Aを加えてさっと煮詰める。

おかず2　小松菜とシメジの青海苔塩昆布和え 青海苔塩昆布味

材料

A
小松菜…1株
（40g／キッチンバサミで3cm幅に切る）
シメジ…20g
（キッチンバサミで3cmの長さに切る）

B
塩昆布…大さじ½
青海苔…小さじ½

作り方

1 ボウルに水で濡らしたさらしを敷いてAを包み、電子レンジで1分30秒加熱する。
2 1に冷水（分量外）を加えてさっと冷やす。
3 2をザルに上げ、水気を絞り、Bを加えて混ぜる。

おかず3　ニンジンの卵とじ 鶏ガラしょうゆ味

材料

溶き卵…1個分
（おかず1で小さじ1を使った残り）

A
ニンジン…10g（ピーラーでスライス）
長ねぎ…10g（スライサーでスライス）
しょうゆ…小さじ¼
鶏ガラスープの素…少々
水…大さじ1
ごま油…小さじ1

作り方

1 ボウルにAを入れて、電子レンジで1分加熱。
2 溶き卵を加えて、よく混ぜて電子レンジで30秒加熱。
3 もう一度電子レンジで1分加熱。
4 冷めたらキッチンバサミで切る。

焼き鳥弁当

Day 2

今日は焼き鳥が主役。下味をつけた鶏むね肉は、長ねぎとフライパンで香ばしく焼く。
小松菜とシメジは赤しそふりかけで酸味を。海苔と卵はベストマッチな組み合わせ。

同時調理ガイド

START ➡ 3品10分で完成

①	②	③	⑤	⑥	⑦	⑧	⑨
焼き鳥	小松菜とシメジの赤しそふりかけ和え	海苔卵	海苔卵	焼き鳥	小松菜とシメジの赤しそふりかけ和え	小松菜とシメジの赤しそふりかけ和え	焼き鳥
鶏皮を焼いている間に次へ	レンチンしている間に次へ	最後まで作る	レンチンしている間に次へ	調味料を加え、焼く	水で冷やす	水気を絞り調味料を加えて混ぜる	ひっくり返して煮詰める
作り方1	作り方1	作り方1〜3	作り方4	作り方3〜4	作り方2	作り方3	作り方5

④
焼き鳥
鶏肉と長ねぎを焼いている間に次へ
作り方2

おかず1　焼き鳥　しょうゆ甘辛味

材料

A
- サラダ油…小さじ¼
- 鶏肉の皮…5切れ

B
- 鶏むね肉（下味冷凍済み）…80ｇ
- 長ねぎ…40ｇ
  （キッチンバサミで3cm幅に切る）

C
- 砂糖…小さじ1
- しょうゆ…小さじ1
- みりん…小さじ1
- ニンニク（チューブ）…1cm
- 水…大さじ1

海苔4つ切り…1枚

作り方

1 フライパンにAを広げ2～3分焼く。
2 鶏肉の皮から脂が出てきたら、キッチンペーパーで軽く拭き取り、Bを入れて焼く。
3 ボウルにCを混ぜ合わせる。
4 鶏肉とねぎに焼き目がついてきたら、水気をキッチンペーパーで拭き取り、Cを入れて1分加熱。
5 鶏肉とねぎをひっくり返して汁気が減るまで煮詰める。
6 弁当箱に詰める時、5のたれに浸した海苔をごはんにのせて、その上におかずをのせ海苔弁当のようにして詰める。

おかず2　小松菜とシメジの赤しそふりかけ和え　赤しそ味

材料

A
- 小松菜…1株
  （40ｇ／キッチンバサミで3cm幅に切る）
- シメジ…20ｇ
  （キッチンバサミで3cmの長さに切る）

B
- 赤しそふりかけ…小さじ½
- かつお節…小さじ2

作り方

1 ボウルに水で濡らしたさらしを敷いてAを包み、電子レンジで1分30秒加熱する。
2 1に冷水（分量外）を加えてさっと冷やす。
3 2をザルに上げ、水気を絞る。Bを加えて混ぜる。

おかず3　海苔卵　塩味

材料

卵…1個
海苔4つ切り…2枚（半分に切り4枚にする）
塩…少々

作り方　（P88参照）

1 小さめの耐熱容器にオーブンシートを敷き、2枚の海苔を重ねて卵を割り入れる。
2 キッチンバサミで卵黄を3か所刺し、卵白を7か所切る。（爆発防止）
3 2に塩をかけて、さらに2枚の海苔を重ねる。
4 電子レンジで1分加熱する。
5 冷めたらキッチンバサミで半分に切る。

Day 3　チキンピカタ弁当

鶏むね肉は、ケチャップバター味で洋風のピカタに。シメジと長ねぎの卵とじはごま油しょうゆ味に。
小松菜とニンジンは、オイスターソースでナムルに。

同時調理ガイド

START ➡ 3品10分で完成

① シメジと長ねぎの卵とじ	③ シメジと長ねぎの卵とじ	④ チキンピカタ	⑤ シメジと長ねぎの卵とじ	⑥ ニンジンと小松菜のナムル	⑦ チキンピカタ	⑧ シメジと長ねぎの卵とじ	⑨ ニンジンと小松菜のナムル
レンチンしている間に次へ	卵を加えて混ぜる	調味料を加えて混ぜ、衣をつけて焼く	卵と調味料を加えてレンチン	レンチン	裏返し蒸し焼きしている間に次へ	もう一度レンチン	水で冷やし水気を切り、調味料を加えて混ぜる
作り方 1	作り方 2	作り方 2〜3	作り方 3	作り方 1	作り方 4	作り方 4	作り方 2〜3

② チキンピカタ
鶏肉に小麦粉をまぶす
作り方 1

おかず1 チキンピカタ ケチャップバター味

材料

鶏むね肉（下味冷凍済み）…80ｇ
小麦粉…小さじ1
A｜溶き卵…大さじ1（おかず2から使用）
　｜粉チーズ…大さじ½
バター…5ｇ
ケチャップ…小さじ1（最後にかける）

作り方

1 鶏むね肉の水気を拭き取り、小麦粉をまぶす。
2 **A**を混ぜ合わせる。
3 フライパンにバターを熱し、鶏むね肉全体に**A**をつけて、1分半焼く。
4 卵が固まったら裏返し、フタをして蒸し焼き2分。

おかず2 シメジと長ねぎの卵とじ ごま油しょうゆ味

材料

A｜鶏肉の皮…2切れ
　｜シメジ…20ｇ
　｜（キッチンバサミで3㎝の長さに切る）
　｜酒…小さじ½
　｜水…小さじ1
　｜長ねぎ…5ｇ（スライサーでスライス）
溶き卵…卵1個分
　（大さじ1をおかず1で使った残り）
B｜しょうゆ…小さじ¼
　｜ごま油…小さじ⅓

作り方

1 ボウルに**A**を入れ、電子レンジで1分加熱する。
2 溶き卵を**1**に加える。
3 **B**を混ぜ合わせて加え、電子レンジで30秒加熱。
4 もう一度**3**を混ぜて、電子レンジでさらに1分加熱。
5 冷めたらキッチンバサミで切る。

おかず3 ニンジンと小松菜のナムル ナムル味

材料

A｜ニンジン…20ｇ（ピーラーでスライス）
　｜小松菜…1株
　｜（40ｇ／キッチンバサミで3㎝幅に切る）
B｜しょうゆ…小さじ½
　｜オイスターソース…小さじ½
　｜ニンニク（チューブ）…1㎝
　｜ごま油…小さじ1

作り方

1 ボウルに**A**を入れて、電子レンジで1分30秒加熱する。
2 **1**に冷水（分量外）を加え、さっと冷やす。
3 **2**をザルに上げ、水気を絞って、**B**を加えて混ぜる。

Day 4 鶏肉の磯辺揚げ弁当

鶏むね肉は青海苔を使って磯辺揚げに。ニンジンはみそマヨ味に。。
小松菜とシメジは、ごまポン酢で酸味を効かせる。

同時調理ガイド

START ➡ 3品10分で完成

①	②	③	④	⑤	⑥
ニンジンの みそマヨ和え **小松菜とシメジの ごまポン酢和え** 2品同時にレンチン 	**鶏肉の磯辺揚げ** 鶏肉に調味料を混ぜて焼く 	**ニンジンの みそマヨ和え** レンチンしている間に次へ 	**鶏肉の磯辺揚げ** 裏返して焼く 	**小松菜とシメジの ごまポン酢和え** 水で冷やして絞り、調味料を加えて混ぜる 	**ニンジンの みそマヨ和え** 調味料を加えて混ぜる

おかず1　鶏肉の磯辺揚げ　青海苔味

材料

鶏むね肉（下味冷凍済み）…80g

A
- 青海苔…大さじ½
- 水…大さじ1
- 小麦粉…大さじ1と½
- かつお節…大さじ½

サラダ油…大さじ1

塩…少々（最後にかける）

作り方

1 鶏むね肉の水気を拭き取り、Aを混ぜる。
2 フライパンにサラダ油を熱し、鶏むね肉を40秒焼く。
3 焼き目がついたら裏返し1分30秒焼く。
4 キッチンペーパーにのせて油を切り、冷ます。

おかず2　ニンジンのみそマヨ和え　みそマヨ味

材料

A
- ニンジン…30g（ピーラーでスライス）
- 長ねぎ…10g（スライサーでスライス）

B
- 鶏肉の皮…3切れ
- 酒…小さじ½
- 水…大さじ½
- コショウ…少々

C
- マヨネーズ…小さじ1
- 白みそ…小さじ½（淡色みそでもよい）
- 辛子（チューブ）…1cm
- 砂糖…小さじ¼

作り方

1 ボウルに水で濡らしたさらしを敷いてAを包み、おかず3の1と一緒に電子レンジで2分加熱する。
2 Bを電子レンジで30秒加熱する。
3 2にC、1を加えて混ぜる。

おかず3　小松菜とシメジのごまポン酢和え　ごまポン酢味

材料

A
- 小松菜…1株
  （40g／キッチンバサミで3cm幅に切る）
- シメジ…20g
  （キッチンバサミで3cmの長さに切る）

B
- 白すりごま…小さじ2
- ポン酢しょうゆ…小さじ1
- しょうゆ…小さじ⅓

作り方

1 ボウルに水で濡らしたさらしを敷いてAを包み、おかず2の1と一緒に電子レンジで2分加熱する。
2 Aに水（分量外）を加えてさっと冷やす。ザルに上げて別のボウルに移す。
3 Aの水気を絞り、Bを混ぜる。

Day 5　チキンカツ卵とじ弁当

鶏むね肉は、チキンカツにして、卵でとじたらごはんにON。
小松菜とシメジは桜えび＋青海苔＋ごまで香ばしさを出して。

おかず1 チキンカツ卵とじ （めんつゆ味）

材料

鶏むね肉（下味冷凍済み）…80g
小麦粉…適量
溶き卵…小さじ1
パン粉…大さじ1と½
サラダ油…大さじ1と½
長ねぎ…10g（スライサーでスライス）

A
めんつゆ（2倍濃縮）…大さじ1
酒…大さじ1
水…大さじ1

溶き卵…1個分（小さじ1を使った残り）
※トッピング
カット海苔…適量

作り方

1 鶏むね肉に小麦粉をまぶし、溶き卵（小さじ1）をまぶす。パン粉をつける。
2 フライパンにサラダ油を熱し、鶏むね肉を2分焼く。
3 片面に焼色がついたら裏返して弱火にし、長ねぎを加えて2分焼く。
4 両面焼けたら、火を止めて鶏むね肉を取り出し、Aを加えて再び1分加熱、アルコールを飛ばす。
5 鶏むね肉を戻して30秒煮詰め、溶き卵を入れてフタをし、卵が固まるまで加熱。

おかず2 小松菜とシメジの桜えびごま和え （桜えびごま味）

材料

A
小松菜…1株
（40g／キッチンバサミで3cm幅に切る）
シメジ…10g
（キッチンバサミで3cmの長さに切る）
ニンジン…10g（スライサーでスライス）

B
桜えび…6尾
白すりごま…小さじ1
青海苔…小さじ½

塩…少々

作り方

1 ボウルにAを入れて電子レンジで1分30秒加熱する。
2 1に冷水（分量外）を加えてさっと冷やす。
3 ザルに上げ、水気を拭き取り、空いたボウルにBを入れ、フタをしないで電子レンジで30秒加熱する。
4 Bをつぶすように混ぜ合わせ（えびをすりつぶすイメージで）、水気を絞ったAと塩を加えて混ぜる。

同時調理ガイド

START ➜ 2品10分で完成

①	②	③	④	⑤	⑥	⑦	⑧
チキンカツ卵とじ	小松菜とシメジの桜えびごま和え	チキンカツ卵とじ	小松菜とシメジの桜えびごま和え	チキンカツ卵とじ	小松菜とシメジの桜えびごま和え	チキンカツ卵とじ	小松菜とシメジの桜えびごま和え
鶏肉に衣をつけ、焼いている間に次へ	レンチン	裏返して長ねぎを加え焼く	冷水で冷やす	肉を取り出し、調味料を加えて加熱	調味料を合わせてレンチン	肉を戻し卵を加え煮詰める	調味料を加えて混ぜる
作り方1〜2	作り方1	作り方3	作り方2	作り方4	作り方3	作り方5	作り方4

野菜の冷蔵・冷凍保存のコツ

葉物野菜やキノコは傷みやすいため、買ってすぐそれぞれ下記のように
下処理をして保存しておくと、鮮度を長く保つことができ経済的。

野菜の保存には、「鮮
度保持袋　愛菜果」
（ニプロ）を愛用。

葉物野菜

濡れたさらしに包んで野菜袋で冷蔵

小松菜やキャベツなどの葉物野菜は、水で湿らせたさらしに包み、さらにポリ袋に入れて冷蔵保存します。専用の「鮮度保持袋」を使えば、野菜が呼吸しやすくなり、さらに鮮度が長持ちします。

キノコ

小分けにしてシリコンバッグで冷凍

キッチンバサミで石づきを取り除き、エノキはハサミで3cmに切り、シメジと舞茸は手でほぐし、エリンギは手で半分に裂いて3cmに切り、冷凍します。密着しないよう軽くばらして冷凍すると、後で使いやすい。

冷凍野菜

濡れたさらしに包んでレンジ解凍

冷凍野菜を解凍する際、濡らしたさらしに包むと、電子レンジで均一に加熱されます。氷は直接加熱しても溶けにくいが、さらしを使うことで、蒸気が均等に行き渡り、解凍ムラを防ぐことができ、加熱も1回で済みます。

5週目

豚こま切れ肉 の 弁当5種

豚こま切れ肉を、ショウガ焼き（Day1）、みそ唐揚げ（Day2）、カレーケチャップ炒め（Day3）、
豚丼（Day4）、デミソースがけ（Day5）に変化させる週です。
こま切れ肉に片栗粉を加えて丸めると、手軽に唐揚げに変身。

買い物リスト

豚こま切れ肉	350 g	378 円
卵	2 個	60 円
小松菜	180 g	86 円
ニンジン	120 g	60 円
シメジ	100 g	75 円
玉ねぎ	180 g	34 円
合計		**693 円**

Day 1 豚こまショウガ焼き 弁当

豚こま切れ肉は、玉ねぎと炒めてショウガ焼きに。小松菜とシメジはごま油で香りづけしてナムル味。
ニンジンと玉ねぎは、ごま酢に鶏ガラスープの素が隠し味。

同時調理ガイド

START ────────────────────→ 3品10分で完成

① 小松菜とシメジのナムル	② 豚こまショウガ焼き	③ 小松菜とシメジのナムル	④ 豚こまショウガ焼き	⑤ ニンジンと玉ねぎのごま酢和え	⑥ 小松菜とシメジのナムル	⑦ 豚こまショウガ焼き	⑧ ニンジンと玉ねぎのごま酢和え
レンチンしている間に次へ	豚肉に片栗粉をまぶし、焼いている間に次へ	冷水で冷やしている間に次へ	玉ねぎを加えて炒める	レンチン	水気を絞って調味料を加えて混ぜる	調味料を加え煮詰める	調味料を加えて混ぜる
作り方1	作り方1	作り方2	作り方2	作り方1	作り方3	作り方3	作り方2

おかず1　豚こまショウガ焼き ショウガじょうゆ味

材料

A
- 豚こま切れ肉…70g
- 片栗粉…小さじ½

サラダ油…小さじ½

玉ねぎ…20g（スライサーでスライス）

B
- ショウガ（チューブ）…1cm
- 砂糖…小さじ½
- 酒…小さじ1
- みりん…小さじ1
- しょうゆ…小さじ1

作り方

1 袋にAを入れて振り混ぜる。フライパンにサラダ油を熱して入れ、Aを2分焼く。
2 玉ねぎを加えて1分炒める。
3 余分な油を拭き取り、Bを加えて1分煮詰める。

おかず2　小松菜とシメジのナムル ナムル味

材料

A
- 小松菜…1株
  （40g／キッチンバサミで4cm幅に切る）
- シメジ…20g
  （キッチンバサミで3cmの長さに切る）

B
- ニンニク（チューブ）…1cm
- しょうゆ…小さじ⅓
- コショウ…少々
- ごま油…小さじ1

作り方

1 ボウルにAを入れて電子レンジで1分30秒加熱する。
2 1に冷水（分量外）を加えてさっと冷やす。
3 水気を絞り、Bを加えて混ぜ合わせる。

おかず3　ニンジンと玉ねぎのごま酢和え ごま酢味

材料

A
- ニンジン…30g（ピーラーでスライス）
- 玉ねぎ…20g（スライサーでスライス）
- 酢…小さじ½

B
- 白すりごま…小さじ1
- 鶏ガラスープの素…少々
- 酢…小さじ1
- ごま油…小さじ½

作り方

1 ボウルにAを入れて電子レンジで1分加熱する。
2 水気を拭き取り、Bを加えて混ぜ合わせる。

5週目 豚こま切れ肉の弁当5種

Day 2 豚こまみそ唐揚げ弁当

豚こま切れ肉を塊にして唐揚げに。みそを効かせるとおいしい。
小松菜の卵とじは優しいかつおしょうゆ味。ニンジンと玉ねぎはトースターで香ばしく焼く。

同時調理ガイド

START ➡ 3品10分で完成

①
ニンジンと
玉ねぎの
青海苔
バター焼き

トースターで焼いている間に次へ
作り方1

②
小松菜の
卵とじ

レンチン
作り方1

③
豚こまみそ
唐揚げ

豚肉と調味料を混ぜる
作り方1

④
小松菜の
卵とじ

調味料、卵を加えて混ぜる
作り方2

⑤
豚こまみそ
唐揚げ

卵と片栗粉を加えて混ぜ肉を丸めて焼く
作り方2〜3

⑥
小松菜の
卵とじ

レンチン
作り方3

⑦
豚こまみそ
唐揚げ

裏返して焼く
作り方4

⑧
小松菜の
卵とじ

軽く混ぜてレンチン
作り方4

⑨
豚こまみそ
唐揚げ

再び裏返し焼く
作り方5

⑩
ニンジンと
玉ねぎの
青海苔
バター焼き

青海苔を混ぜる
作り方2

おかず1　豚こまみそ唐揚げ　みそじょうゆ味

材料

A
- 豚こま切れ肉…80g
- ニンニク（チューブ）…1cm
- ショウガ（チューブ）…1cm
- みそ…小さじ2/3
- しょうゆ…小さじ1/3
- 酒…大さじ1/2

溶き卵…小さじ1（おかず2の卵から使用）
片栗粉…小さじ1と1/2
サラダ油…大さじ2

作り方

1 ボウルにAを入れて混ぜる。
2 1に溶き卵を加えて混ぜ、さらに片栗粉を加え混ぜ合わせる。
3 フライパンにサラダ油を熱し、スプーンで2を3つに分けて丸めたら、強めの弱火で1分焼く。
4 焼き目がついたら裏返し、フタをして2分30秒加熱。
5 フタを取り、肉をもう一度裏返して30秒焼いたら、キッチンペーパーの上にのせて油を切る。

おかず2　小松菜の卵とじ　かつおしょうゆ味

材料

卵…1個
小松菜…20g
（キッチンバサミで1.5cm幅に切る）

A
- しょうゆ…小さじ2/3
- かつお節…小さじ1

作り方

1 ボウルに小松菜を入れて、電子レンジで40秒加熱する。
2 小松菜の水気を拭き取り、Aを加えて混ぜる。卵を割って入れ、溶き混ぜる。
3 電子レンジで30秒加熱する。
4 電子レンジから取り出し、軽く混ぜ合わせて、電子レンジで1分加熱する。
5 冷めたらキッチンバサミで切る。

おかず3　ニンジンと玉ねぎの青海苔バター焼き　青海苔バター味

材料

A
- ニンジン…20g（ピーラーでスライス）
- 玉ねぎ…30g（スライサーでスライス）

B
- バター…3g
- はちみつ…小さじ1/3
- 塩…少々

青海苔…小さじ1/3

作り方

1 耐熱皿にAを入れてBを加えて混ぜ合わせ、トースターで8分焼く。
2 青海苔を加えて混ぜる。

Day 3 豚こまカレーケチャップ弁当

全部レンチンで作る日。豚こま切れ肉は、カレーケチャップ味でパンチを効かせる。
小松菜とシメジは、桜えびショウガ味に。ニンジンと玉ねぎは、玉ねぎ酢じょうゆ味に。

同時調理ガイド

START ――――――――――――――――――――――→ 3品10分で完成

①	②	③	④	⑤	⑥
小松菜とシメジのおひたし	ニンジンと玉ねぎの酢じょうゆ和え	小松菜とシメジのおひたし	豚こまカレーケチャップ	小松菜とシメジのおひたし	ニンジンと玉ねぎの酢じょうゆ和え
レンチンしている間に次へ	レンチンしている間に次へ	冷水で冷やしている間に次へ	材料を混ぜてレンチン	調味料をレンチン。小松菜を絞り加えて混ぜる	水気を拭き調味料を混ぜる
作り方1	作り方1	作り方2	作り方1〜2	作り方3〜4	作り方2

おかず1　豚こまカレーケチャップ　（カレーケチャップ味）

材料

A
- 豚こま切れ肉…60g
- ケチャップ…大さじ1
- ウスターソース…小さじ⅔
- カレー粉…小さじ¼
- バター…2g
- 片栗粉…小さじ⅕

B
- 玉ねぎ…15g（スライサーでスライス）
- シメジ…15g
（キッチンバサミで3cmの長さに切る）

※トッピング
粉チーズ…小さじ1

作り方

1 ボウルにAを入れ、混ぜ合わせる。Bを加え、さらに混ぜ合わせる。
2 電子レンジで2分加熱する。

おかず2　小松菜とシメジのおひたし　（桜えびショウガ味）

材料

小松菜…1株（40g／ハサミで3cm幅に切る）

A
- シメジ…10g
（キッチンバサミで3cmの長さに切る）
- 桜えび…小さじ1
- みりん…小さじ1
- しょうゆ…小さじ½
- ショウガ（チューブ）…1cm
- 水…大さじ½

作り方

1 ボウルに小松菜を入れて、電子レンジで1分加熱する。
2 冷水（分量外）を加えてさっと冷やす。
3 ザルに上げて、空いたボウルに、Aを入れて電子レンジで1分加熱する。
4 小松菜の水気を絞り、3に加えて混ぜ合わせる。

おかず3　ニンジンと玉ねぎの酢しょうゆ和え　（玉ねぎ酢じょうゆ味）

材料

A
- ニンジン…30g（ピーラーでスライス）
- 玉ねぎ…20g（スライサーでスライス）
- 酢…小さじ½
- 砂糖…小さじ½

B
- 酢…小さじ1
- しょうゆ…小さじ½
- 玉ねぎ…5g（すりおろす／小さじ1）
- オリーブオイル…小さじ½

作り方

1 ボウルにAを入れて、電子レンジで1分加熱する。
2 水気を拭き取り、Bを加えて混ぜる。

Day 4 豚丼弁当

しっかり味付けして豚丼に！　だしとして使った残りの塩昆布やかつお節は、
小松菜のごま和えに活用。ニンジンと玉ねぎはぴりりとしたチリマヨ和えに。

同時調理ガイド

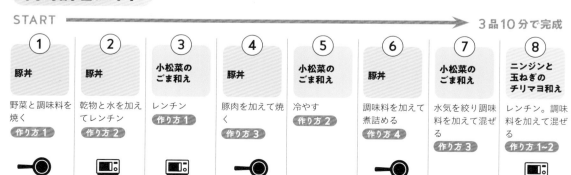

START ➡ 3品10分で完成

①	②	③	④	⑤	⑥	⑦	⑧
豚丼	豚丼	小松菜の ごま和え	豚丼	小松菜の ごま和え	豚丼	小松菜の ごま和え	ニンジンと 玉ねぎの チリマヨ和え
野菜と調味料を 焼く	乾物と水を加え てレンチン	レンチン	豚肉を加えて焼 く	冷やす	調味料を加えて 煮詰める	水気を絞り調味 料を加えて混ぜ る	レンチン。調味 料を加えて混ぜ る
作り方1	作り方2	作り方1	作り方3	作り方2	作り方4	作り方3	作り方1~2

おかず1　豚丼　ショウガじょうゆ味

材料

A
- 玉ねぎ…30g
- ショウガ（チューブ）…1cm
- ニンニク（チューブ）…1cm
- サラダ油…小さじ½

B
- 塩昆布…大さじ½
- かつお節…小さじ1
- 水…50mℓ

豚こま切れ肉…80g

C
- 酒…小さじ1
- 砂糖…小さじ½
- みりん…小さじ1
- しょうゆ…小さじ1

作り方

1　フライパンでAを1分30秒焼く。
2　ボウルにBを入れて、電子レンジで1分加熱する。
3　1に豚こま切れ肉を加えて2分焼く。
4　肉の色が変わったら、Bの水分と、Cを加えて強火で4分、汁気が減るまで煮詰める（Bの残りの塩昆布とかつお節はおかず2で使用）。

おかず2　小松菜のごま和え　ごまじょうゆ味

材料

A
- 小松菜…1株
  （40g／キッチンバサミで3cm幅に切る）
- シメジ…20g
  （キッチンバサミで3cmの長さに切る）

B
- しょうゆ…小さじ½
- 砂糖…小さじ¼
- 白すりごま…小さじ1
- おかず1の4で残った塩昆布とかつお節
  …全量

作り方

1　ボウルにAを入れて電子レンジで1分30秒加熱する。
2　1に冷水（分量外）を加えてさっと冷やす。
3　2をザルに上げて水気を絞り、Bを加えて混ぜ合わせる。

おかず3　ニンジンと玉ねぎのチリマヨ和え　チリマヨ味

材料

A
- ニンジン…30g（ピーラーでスライス）
- 玉ねぎ…20g（スライサーでスライス）
- 酢…小さじ½

B
- マヨネーズ…小さじ1
- 豆板醤…小さじ¼
- 酢…小さじ½
- 砂糖…小さじ¼

作り方

1　ボウルにAを入れて、電子レンジで1分加熱する。
2　水気を拭き取り、Bを加えて混ぜる。

5週目　豚こま切れ肉の弁当5種

Day5　豚こまデミソース弁当

豚こまはデミソースにして、薄焼き卵で巻いたキャロットライスにON。
小松菜とシメジはコンソメ味で洋風おひたしに。

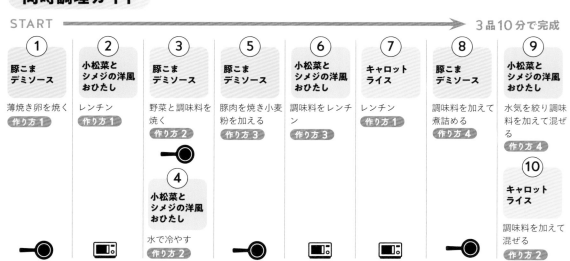

同時調理ガイド

START ➡ 3品10分で完成

① 豚こまデミソース	② 小松菜とシメジの洋風おひたし	③ 豚こまデミソース	⑤ 豚こまデミソース	⑥ 小松菜とシメジの洋風おひたし	⑦ キャロットライス	⑧ 豚こまデミソース	⑨ 小松菜とシメジの洋風おひたし
薄焼き卵を焼く 作り方1	レンチン 作り方1	野菜と調味料を焼く 作り方2	豚肉を焼き小麦粉を加える 作り方3	調味料をレンチン 作り方3	レンチン 作り方1	調味料を加えて煮詰める 作り方4	水気を絞り調味料を加えて混ぜる 作り方4
		④ 小松菜とシメジの洋風おひたし					⑩ キャロットライス
		水で冷やす 作り方2					調味料を加えて混ぜる 作り方2

86

おかず1　豚こまデミソース　〔デミソース味〕

材料

A
- 卵…1個
- 牛乳…大さじ1
- 塩…少々
- 片栗粉…小さじ½

サラダ油…小さじ½

B
- バター…3g
- 玉ねぎ…20g（スライサーでスライス）
- シメジ…20g
  （キッチンバサミで3cmの長さに切る）

豚こま切れ肉…60g

小麦粉…小さじ¼

C
- 酒…小さじ1
- ウスターソース…小さじ1と½
- ケチャップ…小さじ1
- コンソメ…小さじ¼
- 砂糖…小さじ¼
- 水…大さじ3

※トッピング
ドライパセリ…適量

作り方

1　直径26cmのフライパンにサラダ油を薄く伸ばして強めの中火で熱する。ボウルにAを入れて混ぜ合わせて流し入れ、全体に卵を広げる。すぐフタをして1分焼く。

2　薄焼き卵を平皿に移し、空いたフライパンでBを焼く。

3　2に豚肉を加えて2分焼く。肉の色が変わったら小麦粉を振り入れて焼く。

4　Cを加えて3分煮詰める。

おかず2　小松菜とシメジの洋風おひたし　〔コンソメ味〕

材料

A
- 小松菜…1株
  （40g／キッチンバサミで3cm幅に切る）
- シメジ…15g
  （キッチンバサミで3cmの長さに切る）

B
- コンソメ…小さじ¼
- しょうゆ…少々
- 水…大さじ1

作り方

1　ボウルにAを入れて、電子レンジで1分30秒加熱する。

2　1に冷水（分量外）を加えてさっと冷やす。

3　2をザルに上げて、さらしで包んでおく。空いたボウルに、Bを入れて電子レンジで30秒加熱する。

4　2の水気を絞り、3に加えて混ぜ合わせる。

おかず3　キャロットライス　〔バター味〕

材料

A
- ニンジン…10g（すりおろす／小さじ2）
- バター…2g

B
- 温かいごはん…150g
- 塩…少々

作り方

1　ボウルにAを入れて、電子レンジで30秒加熱する。

2　Bを加えて混ぜ合わせる。

薄焼卵の包み方はP29参照。

海苔卵の作り方

海苔卵は、耐熱容器に海苔と卵を入れて、電子レンジで加熱するだけ。
彩りも良く、忙しい時や、あと一品欲しい時におすすめ。
ふりかけやハーブでアレンジを加えると、更に風味豊かな一品に。
ここでは、作り方のコツをお伝えします。

① 小さめの耐熱容器に合わせてオーブンシートを切り、四隅を切る。ラップでもよい。

② 耐熱容器にオーブンシートを敷き、2枚の海苔をクロスするように敷く。

③ 卵を割り入れ、爆発防止のためキッチンバサミで卵黄を3か所刺す。

④ 卵白を7か所切る（刺して十字に切る）。塩をかけて、さらに2枚の海苔をクロスするように重ねる。

⑤ 電子レンジで1分加熱する。

⑥ 冷めたらキッチンバサミで半分に切る。

作り方のコツ

耐熱容器は底面が小さく側面の傾斜が大きいものを使用すると、卵や広がらず、丸く仕上がります。私は幅9.3×奥行き9.2×高さ5.4cmの保存容器（iwaki／容量200㎖）を愛用。フタをせず、卵の黄味には、キッチンバサミで穴や切り込みを入れて空気の逃げ道を作ることが大切（爆発防止）。一度にうまく加熱できない場合、加熱を分けて行うとよいです（1分を30秒×2回に）。

6週目

豚こま切れ肉 の 弁当5種

豚こま切れ肉を、回鍋肉風（Day1）、酢豚（Day2）、プルコギ（Day3）、
とんかつ（Day4）、豚平焼き（Day5）にチェンジさせる週です。
キャベツやピーマンなどの5種類の野菜を活用し、野菜を多めに味わうことも意識しています。
最終日の豚平焼きは残り野菜を活用できるメニュー。

買い物リスト

豚こま切れ肉	365 g	394 円
卵	3 個	90 円
キャベツ	275 g	66 円
ピーマン	128 g	99 円
ニンジン	75 g	38 円
舞茸	85 g	117 円
玉ねぎ	95 g	18 円
合計		**822 円**

Day 1　回鍋肉風みそ炒め弁当

豚こま切れ肉は、野菜とともにみそ炒めにして回鍋肉風に。舞茸とピーマンは塩昆布和えに。
ニンジンと玉ねぎは、トースターで焼いて、マヨ和えに。

同時調理ガイド

START ➡️ 3品10分で完成

①	②	③	④	⑤	⑥	⑦
ニンジン 玉ねぎ焼き	回鍋肉風 みそ炒め	舞茸とピーマン の塩昆布和え	回鍋肉風 みそ炒め	舞茸とピーマン の塩昆布和え	回鍋肉風 みそ炒め	回鍋肉風 みそ炒め
トースターで焼いている間に次へ	豚肉を焼く	レンチンしている間に次へ	野菜を加えて焼く	調味料を加えて混ぜる	調味料を加えて焼く	ごま油を加えて混ぜる
作り方1	作り方1	作り方1	作り方2	作り方2	作り方3	作り方4

おかず1　回鍋肉風みそ炒め　（ホイコーロー）　中華みそ味

材料

A
- 豚こま切れ肉…70g
- コショウ…少々
- 片栗粉…小さじ⅔

サラダ油…小さじ1

B
- キャベツ…40g（葉は手でちぎり、2cm×3cmにする。芯はキッチンバサミで7mm幅に斜め切り）
- ピーマン…½個（16g／キッチンバサミで2cm角に切る）

C
- 豆板醤…小さじ¼
- みそ…小さじ½
- しょうゆ…小さじ½
- 砂糖…小さじ½
- 酒…小さじ1

ごま油…小さじ½

作り方

1. ボウルにAを入れて振り、混ぜ合わせる。サラダ油を熱したフライパンに入れ、1分焼く。
2. Bを加えて2分焼く。
3. 余分な油を拭き取り、混ぜ合わせたCを加えて30秒全体を焼く。
4. ごま油を加えて混ぜ、火を止める。

おかず2　舞茸とピーマンの塩昆布和え　ごま塩昆布味

材料

A
- ピーマン…½個（16g／キッチンバサミで7mm幅に切る）
- 舞茸…35g（手でほぐす）

B
- 塩昆布…大さじ½
- ごま油…小さじ½
- 白いりごま…小さじ1

作り方

1. ボウルにAを入れて、電子レンジで1分30秒加熱する。
2. 水気を拭き取り、Bを加えて混ぜる。

おかず3　ニンジン玉ねぎ焼き　マヨ味

材料

A
- ニンジン…20g（ピーラーでスライス）
- 玉ねぎ…30g（スライサーでスライス）
- マヨネーズ…小さじ1
- 粒マスタード（チューブ）…1cm
- 市販のレモン液…少々
- 塩…少々

作り方

1. 耐熱皿にAを入れて混ぜ合わせ、トースターで表面にうっすら色がつくまで7分焼く。

6週目　豚こま切れ肉の弁当5種

Day 2　豚こま酢豚弁当

豚こま切れ肉は、野菜とともに炒めて、ケチャップ味の酢豚に。キャベツは青海苔和えに。
舞茸と野菜はトースターで焼いてポン酢味に。

同時調理ガイド

START ➡ 3品10分で完成

①	②	③	④	⑤	⑥	⑦
舞茸と野菜の ポン酢焼き	豚こま酢豚	キャベツ 青海苔和え	豚こま酢豚	キャベツ 青海苔和え	豚こま酢豚	舞茸と野菜の ポン酢焼き
トースターで焼いている間に次へ	豚肉に下味を混ぜ焼く	レンチン	野菜を加えて焼く	調味料を加えて混ぜる	調味料を加えて焼く	調味料を加えて混ぜる
作り方1	作り方1〜2	作り方1	作り方3	作り方2	作り方4	作り方2

おかず1　豚こま酢豚　ケチャップ味

材料

A
- 豚こま切れ肉…70g
- ショウガ（チューブ）…1cm
- しょうゆ…小さじ¼
- 酒…小さじ½

片栗粉…小さじ1
サラダ油…小さじ1
ピーマン…1個
　（32g／キッチンバサミで2cm角に切る）
玉ねぎ…20g（手で2cm×3cmにちぎる）

B
- 砂糖…小さじ1
- ケチャップ…大さじ½
- しょうゆ…小さじ½
- 酢…大さじ½

作り方

1 ボウルにAを入れて混ぜ、片栗粉を加えて混ぜる。
2 フライパンにサラダ油を熱し、1を焼く。肉はところどころくっついた状態で広げて2分焼く。焼き目がついたら裏返して1分焼く。
3 肉を端に寄せて、空いたスペースにピーマンと玉ねぎを加えて、1分30秒焼く。ピーマンは外側が下になるように。
4 水気を拭き取り、Bを加えて1分焼く。

おかず2　キャベツ青海苔和え　青海苔ショウガ味

材料

キャベツ…50g（葉は手でちぎり3cm×3cmにする。芯はキッチンバサミで7mm幅に斜め切り）

A
- 青海苔…小さじ1
- 塩…少々
- ニンニク（チューブ）…1cm
- ショウガ（チューブ）…1cm

作り方

1 ボウルにキャベツを入れて、電子レンジで1分加熱する。
2 水気を拭き取り、Aを加えて混ぜる。

おかず3　舞茸と野菜のポン酢焼き　ポン酢味

材料

A
- ニンジン…20g（ピーラーでスライス）
- 玉ねぎ…10g（スライサーでスライス）
- 舞茸…20g（手でほぐす）
- サラダ油…小さじ½

B
- ポン酢…小さじ1
- 柚子こしょう（チューブ）…1cm

作り方

1 耐熱皿にAを広げ、トースターで8分焼く。
2 Bを加えて混ぜる。

6週目　豚こま切れ肉の弁当5種

Day 3　豚こまプルコギ弁当

豚こま肉は、野菜とともに炒めてプルコギに。プルコギには海苔卵が合う。
トースターで焼いたキャベツは、梅おかか味で酸味をまとわせて。

同時調理ガイド

START ➡️ 　　　　　　　　　　　　　　　　　　　　3品10分で完成

①	②	③	④	⑤
焼きキャベツ 梅おかか和え	豚こまプルコギ	海苔卵	豚こまプルコギ	焼きキャベツ 梅おかか和え
トースターで焼いている間に次へ	焼いている間に次へ	最後まで作る	ニンジンとピーマンを加えて焼く	調味料を加えて混ぜる
作り方1	作り方1	作り方1~4	作り方2	作り方2

おかず1　豚こまプルコギ　プルコギ味

材料

豚こま切れ肉…70g
玉ねぎ…15g（スライサーでスライス）
玉ねぎ…5g（すりおろす／小さじ1）
A
砂糖…小さじ⅔
白すりごま…小さじ1
ニンニク（チューブ）…1cm
みりん…小さじ½
しょうゆ…大さじ½
ごま油…小さじ½
B
ニンジン…10g（ピーラーでスライス）
ピーマン…1個
（32g／キッチンバサミで7mm幅に切る）

作り方

1　フライパンにAを入れて4分焼く。
2　玉ねぎが柔らかくなったら、肉と玉ねぎを端に寄せ、ごま油を加え、Bを加えて1分30秒焼く。

おかず2　焼きキャベツ梅おかか和え　梅おかか味

材料

キャベツ…45g（手でちぎる）
A
梅（チューブ）…1cm
はちみつ…小さじ¼
しょうゆ…小さじ¼
かつお節…小さじ1

作り方

1　耐熱皿にキャベツを広げてトースターで8分焼く。
2　Aを加えて混ぜる。

おかず3　海苔卵　塩味

材料

卵…1個
海苔…4つ切り2枚
（半分の長さに切り4枚にする）
塩…少々

作り方　（P88参照）

1　小さめの耐熱容器にオーブンシートを敷き、2枚の海苔を重ねて、卵を割り入れる。
2　キッチンバサミで卵黄を3か所刺し、卵白を7か所切る（爆発防止）。
3　2に塩をかけて、さらに2枚の海苔を重ねる。
4　電子レンジで1分加熱する。
5　冷めたらキッチンバサミで半分に切る。

6週目　豚こま切れ肉の弁当5種

Day4　豚こまとんかつ弁当

豚こま肉を丸めて揚げ焼きし、とんかつにする。主菜に時間がかかるので、
副菜ふたつはレンチンして和えるだけ。ハニーシナモン味とごま粉チーズ味に。

同時調理ガイド

START ⟶ 3品10分で完成

①	②	③	④	⑤	⑥	⑦	⑧
豚こま とんかつ	ニンジン 卵とじ	豚こま とんかつ	ニンジン 卵とじ	ニンジン 卵とじ	キャベツと 舞茸のごま 粉チーズ和え	豚こま とんかつ	キャベツと 舞茸のごま 粉チーズ和え
豚肉に下味をつけ俵形にする	卵に調味料を加えて混ぜる	豚肉に衣をつけて揚げ焼き	レンチン	混ぜて再びレンチンし、半分に折る	レンチンしている間に次へ	裏返して揚げ焼き	調味料を加えて混ぜる
作り方1	作り方1	作り方2	作り方2	作り方3~4	作り方1	作り方3	作り方2
			🔲	🔲	🔲		

おかず1　豚こまとんかつ　（みそ味）

材料

A
- 豚こま切れ肉…85g
- コショウ…少々
- みりん…小さじ½
- みそ…小さじ½

サラダ油…大さじ1と½
溶き卵…大さじ1（おかず2の卵から使用）
小麦粉…小さじ1
パン粉…大さじ1と½

作り方

1 ボウルにAを入れて混ぜる。小さい肉の破片を丸めて、大きい肉の破片で包むように巻き、俵形の肉塊を2つ作る。
2 ボウルに溶き卵と小麦粉を入れて混ぜ、1にからめる。さらにパン粉をつける。フライパンにサラダ油を熱し、4分揚げ焼きにする。
3 焼き目がついたら裏返して3分30秒揚げ焼きにする。

おかず2　ニンジン卵とじ　（ハニーシナモン味）

材料

溶き卵…1個分（おかず1で使用する残り）

A
- 牛乳…大さじ1
- はちみつ…小さじ1
- ニンジン…5g（すりおろす／小さじ1）
- 片栗粉…小さじ½
- シナモンパウダー（あれば）…少々

作り方

1 溶き卵にAを加えて混ぜ合わせる。
2 電子レンジで30秒加熱する。
3 一度レンジから取り出し、Aを混ぜ合わせ、電子レンジで1分加熱する。
4 熱いうちに半分に折る。
5 冷めたらキッチンバサミで切る。

おかず3　キャベツと舞茸のごま粉チーズ和え　（ごま粉チーズ味）

材料

A
- キャベツ…50g（葉は手でちぎり3cm×3cmに、芯はキッチンバサミで7mm幅に斜め切り）
- 舞茸…20g（手でほぐす）

B
- 白すりごま…小さじ1
- 粉チーズ…小さじ½
- しょうゆ…小さじ⅓

作り方

1 ボウルにAを入れて電子レンジで1分30秒加熱する。
2 水気を拭き取り、Bを入れて混ぜる。

Day 5　豚平焼き弁当

最終日は残り野菜とともに炒めて、薄焼き卵で巻いた豚平焼きをごはんの上にONする。
ピーマンとニンジンはショウガじょうゆ味で和える。

同時調理ガイド

START ➡ 3品10分で完成

① 薄焼き卵	② 豚平焼き	③ ピーマンショウガ和え	④ 豚平焼き	⑤ ピーマンショウガ和え
最後まで作る 作り方 1~3	豚肉と野菜を炒める 作り方 1	レンチン 作り方 1	調味料を加熱して和える 作り方 2	調味料を加えて混ぜる 作り方 2

おかず1 薄焼き卵 （塩味）

材料

A
- 卵…1個
- 塩…少々
- 牛乳…大さじ1
- 片栗粉…小さじ½

サラダ油…小さじ½

作り方

1 直径26cmのフライパンにサラダ油を入れ全体に薄く伸ばしたら強めの中火で熱する。
2 ボウルにAを入れてよく混ぜ合わせて、フライパンに流し入れ、フライパンをまわし卵を広げる。すぐフタをして1分焼く。
3 卵に火が通ったら、火を消し、スプーンで卵の周りをはがす。フライパンを返し、大きめの平皿に卵を移す。

おかず2 豚平焼き （ケチャップソース味）

材料

- 豚こま切れ肉…70g
- キャベツ…90g（葉は手でちぎり、3cm×3cmにする。芯はキッチンバサミで7mm幅に斜め切り）

A
- 舞茸…10g
- 玉ねぎ…15g（スライサーでスライス）
- 塩…少々
- コショウ…少々

サラダ油…小さじ½

B
- ケチャップ…大さじ½
- 中濃ソース…大さじ½
- はちみつ…小さじ½

※トッピング
中濃ソース…適量
マヨネーズ…少々
かつお節…少々
青海苔…少々

作り方

1 直径26cmのフライパンにサラダ油を熱し、Aを3分炒める。
2 フライパンの空いているスペースで、Bを30秒加熱して和える。
3 弁当箱に豚平焼きの具材を詰め込む。薄焼き卵を広げ、卵の中央に弁当箱をひっくり返して具材をのせる。
4 卵で包んで、弁当箱を再びかぶせる。卵がのっていた皿と弁当箱を一緒にひっくり返す。トッピングをのせる。

おかず3 ピーマンショウガ和え （ショウガじょうゆ味）

材料

A
- ピーマン…1個（32g／キッチンバサミで3cm角に切る）
- ニンジン…20g（ピーラーでスライス）

B
- 砂糖…小さじ¼
- 豆板醤…小さじ¼
- しょうゆ…小さじ½
- ショウガ（チューブ）…1cm
- ごま油…小さじ½

作り方

1 ボウルにAを入れて電子レンジで1分加熱する。
2 水気を拭き取り、Bを加えて混ぜ合わせる。

手際よく作る
コンパクトな道具選び

道具は小さいものを選ぶと、洗いやすくなったり、調理のための動線がシンプルになり、
ラクに手際よく作ることができます。

① フライパン直径14cm
火が通りやすく、洗うのも簡単。ぎりぎり2人分のお弁当のおかずの調理も可能（パール金属）。

② シリコンラップ
レンチンの時にラップのかわりに使って時短＆節約。ブタさんの鼻の穴が空気孔になっていてユニーク（マーナ）。

③ ザルボウル
電子レンジでも使える。ボウルとザルの2枚セット。平らになっている側面部でチリトリ式に食材を集めたり、計量もできて優秀（パール金属）。

④ ミニスプーン
フッ素樹脂加工のフライパンやガラスを傷つけない。おたまとしてもフライ返しとしても使える（フランフラン）。

⑤ トースター皿
フッ素樹脂加工。小さめのサイズで熱伝導性がよい。朝食の目玉焼き作りにも。魚焼きグリルでも使える（下村工業）。

⑥ 耐熱ガラスボウル直径14cm
ブタさんのシリコンラップにもぴったり。何がはいっているか一目瞭然なので使いやすい（デュラレックス）。

使用頻度の高いフライパンは小さいものを選ぶと、取り回しやすく加熱しやすく洗いやすい。フライパンの大きさに合わせたミニスプーンもあると便利です。トースターで調理する時は、熱伝導のよいトースター皿を使うと加熱時間が早まります。ボウルはミニサイズの耐熱ガラス1種と、プラスチック1種を併用しています。ガラスは匂いや色がつきにくいですが加熱時に熱くなりやすく、プラスチックは軽くて使いやすいですが、匂いや色が付きやすいことを考えて使い分けます。ボウルのサイズに合わせて、ザルやシリコンラップも揃えておくといいです。

番外編

鮭の弁当5種

番外編として、1000円を超えてしまうものの、魚を味わいたい週のお弁当。
鮭は切り身を使用し、下味をつけて冷凍保存しておきます（P64）。
バターしょうゆ焼き（Day1）、竜田揚げ（Day2）、パン粉焼き（Day3）、
バターポン酢焼き（Day4）、ごま焼き（Day5）にチェンジさせます。
魚は肉より火が通りやすく、トースターでの調理もしやすいです。

買い物リスト

生鮭（切り身）	350 g	833 円
卵	4 個	120 円
冷凍ほうれん草	150 g	179 円
ニンジン	65 g	33 円
エノキ	120 g	63 円
玉ねぎ	140 g	27 円
合計		**1255 円**

Day 1 鮭のバターしょうゆ焼き弁当

下味のついた鮭は、エノキとともに炒めて、バターしょうゆ焼きに。ほうれん草と玉ねぎは
カレー粉で和えてパンチを効かせて。ニンジンと玉ねぎの卵とじは粉チーズでマイルドに。

同時調理ガイド

START ➡ 3品10分で完成

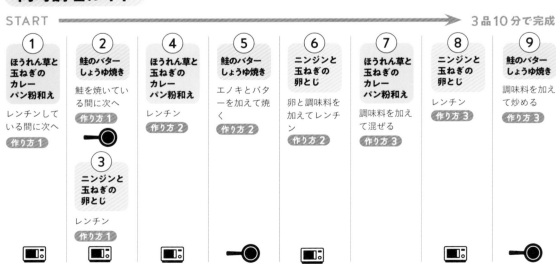

①	②	④	⑤	⑥	⑦	⑧	⑨
ほうれん草と玉ねぎのカレーパン粉和え	鮭のバターしょうゆ焼き	ほうれん草と玉ねぎのカレーパン粉和え	鮭のバターしょうゆ焼き	ニンジンと玉ねぎの卵とじ	ほうれん草と玉ねぎのカレーパン粉和え	ニンジンと玉ねぎの卵とじ	鮭のバターしょうゆ焼き
レンチンしている間に次へ	鮭を焼いている間に次へ	レンチン	エノキとバターを加えて焼く	卵と調味料を加えてレンチン	調味料を加えて混ぜる	レンチン	調味料を加えて炒める
作り方 1	作り方 1	作り方 2	作り方 2	作り方 2	作り方 3	作り方 3	作り方 3

③ ニンジンと玉ねぎの卵とじ
レンチン
作り方 1

おかず1 鮭のバターしょうゆ焼き バターしょうゆ味

材料

生鮭（下味冷凍済み）…1切れ 70g
サラダ油…小さじ½

A
バター…3g
エノキ…30g
（キッチンバサミで2cm幅に切る）

B
しょうゆ…小さじ⅔
酒…小さじ1
みりん…小さじ1
ニンニク（チューブ）…1cm

作り方

1 フライパンにサラダ油を入れて熱し、鮭を片面30秒ずつ両面焼く。
2 鮭に火が通ったら、油を拭き取り、空いているスペースにAを入れて弱火で焼く。
3 エノキがしんなりしたら、Bを加えて全体を炒める。

おかず2 ほうれん草と玉ねぎのカレーパン粉和え カレー味

材料

A
冷凍ほうれん草…30g
玉ねぎ…20g

パン粉…大さじ1

B
カレー粉…少々
塩…少々
オリーブオイル…小さじ½

作り方

1 ボウルに水で濡らしたさらしを敷いて、Aを入れて電子レンジで1分30秒加熱する。
2 さらしごと1を取り出して、空いたボウルにパン粉を入れ、フタをしないで電子レンジで20秒加熱する。
3 2にB、1を加えて混ぜる。

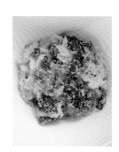

おかず3 ニンジンと玉ねぎの卵とじ 粉チーズ味

材料

A
玉ねぎ…20g（スライサーでスライス）
ニンジン…5g（すりおろす／小さじ1）

B
卵…1個
粉チーズ…小さじ1
コショウ…少々

作り方

1 ボウルにAを入れて、電子レンジで30秒加熱。
2 Bを加えて、よく混ぜて電子レンジで30秒加熱。
3 もう一度混ぜて電子レンジで1分加熱。
4 冷めたらキッチンバサミで切る。

Day 2　鮭の竜田揚げ弁当

鮭は下味に加えて、さらにしっかり味付けして竜田揚げに。ほうれん草は揚げ玉とめんつゆに
七味唐辛子をピリリと。エノキとにんじんの卵とじはおかかしょうゆ味。

おかず1　鮭の竜田揚げ　竜田じょうゆ味

材料

生鮭（下味冷凍済み）…1切れ 70 g
ニンニク（チューブ）…1cm
ショウガ（チューブ）…1cm
片栗粉…大さじ½
サラダ油…大さじ1と½

作り方

1　下味冷凍が溶けたら、水っぽくなるので、液を大さじ1取って捨て、ニンニクとショウガを加えて混ぜ、鮭にからめる。
2　鮭に片栗粉をまぶす。
3　フライパンにサラダ油を熱し、鮭を弱火で両面揚げ焼きにする（片面1分30秒〜2分）。

おかず2　ほうれん草の揚げ玉和え　揚げ玉めんつゆ味

材料

A　冷凍ほうれん草…30 g
　　玉ねぎ…20 g（スライサーでスライス）
　　めんつゆ（2倍濃縮）…大さじ½

B　揚げ玉…大さじ½
　　七味唐辛子…少々

作り方

1　ボウルに水で濡らしたさらしを敷いて、Aを入れて電子レンジで1分30秒加熱する。
2　水気を拭き取り、Bを加えて混ぜる。

おかず3　エノキとニンジンの卵とじ　おかかしょうゆ味

材料

卵…1個

A　エノキ…15 g
　　（キッチンバサミで2cm幅に切る）
　　ニンジン…10 g（すりおろす／小さじ2）
　　みりん…小さじ½
　　しょうゆ…小さじ⅓
　　かつお節…小さじ1
　　水…大さじ1

作り方

1　ボウルにAを入れて、電子レンジで1分加熱。
2　卵を加えてよく混ぜ、電子レンジで30秒加熱。
3　もう一度混ぜて、電子レンジで30秒加熱。
4　半分に折る。
5　冷めたらキッチンバサミで切る。

同時調理ガイド

START ➝ 3品10分で完成

①	②	③	④	⑤
ほうれん草の揚げ玉和え	鮭の竜田揚げ	エノキとニンジンの卵とじ	ほうれん草の揚げ玉和え	エノキとニンジンの卵とじ
レンチンしている間に次へ	最後まで作る	レンチン	調味料を加えて混ぜる	レンチン、仕上げ
作り方 1	作り方 1〜3	作り方 1	作り方 2	作り方 2〜4

Day3 鮭のパン粉焼き弁当

鮭はトースターでパン粉焼きに。マヨネーズにハーブや粉チーズで洋風に味付け。
野菜はみそナムル味に。定番の海苔卵が合う。

おかず1　鮭のパン粉焼き　マヨハーブ味

材料

生鮭（下味冷凍済み）…1切れ70g

A
- マヨネーズ…小さじ1
- 市販のレモン液…3滴

B
- パン粉…大さじ1
- 乾燥ハーブミックス（バジル、オレガノ、パセリ、タイム）…小さじ1/4
- コショウ…少々
- 粉チーズ…小さじ1/2

作り方

1. 鮭の水気をキッチンペーパーで拭き取り、Aを塗る。
2. Bを混ぜ合わせ、1につける。
3. オーブンシートを敷いた耐熱皿に2をのせてトースターで8分焼く。

おかず2　野菜のみそナムル　みそナムル味

材料

A
- 冷凍ほうれん草…30g
- エノキ…15g（キッチンバサミで3cm幅に切る）
- ニンジン…20g（ピーラーでスライス）

B
- ニンニク（チューブ）…1cm
- みそ…小さじ2/3
- ごま油…小さじ1

作り方

1. ボウルに水で濡らしたさらしを敷いて、Aを入れて電子レンジで1分30秒加熱する。
2. Bを加えて混ぜる。

おかず3　海苔卵　塩味

材料

卵…1個
海苔4つ切り…2枚（半分に切って4枚にする）
塩…少々

作り方　（P88参照）

1. 小さめの耐熱容器にオーブンシートを敷き、2枚の海苔を重ねて、卵を割り入れる。
2. キッチンバサミで卵黄を3か所刺し、卵白を7か所切る（爆発防止）。
3. 2に塩をかけて、さらに2枚の海苔を重ねる。
4. 電子レンジで1分加熱する。
5. 冷めたらキッチンバサミで半分に切る。

同時調理ガイド

START ────────────────→ 3品10分で完成

①　鮭のパン粉焼き
トースターで焼いている間に次へ
作り方 1〜3

②　野菜のみそナムル
レンチン
作り方 1

③　海苔卵
最後まで作る
作り方 1〜4

②　野菜のみそナムル
調味料を加えて混ぜる
作り方 2

Day 4 鮭とエノキの バターポン酢焼き 弁当

フライパン1つでできるお弁当。鮭はエノキと焼いてバターポン酢焼きに。
ほうれん草も蒸し焼きにしてバター味に。目玉焼きには粉チーズを効かせて。

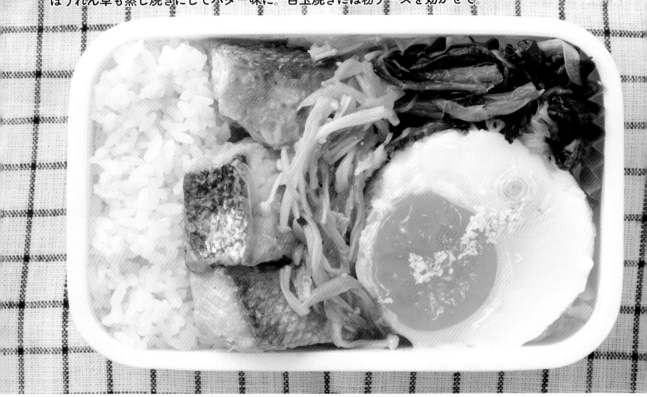

同時調理ガイド　直径26cmのフライパン1つを使用

START ──────────────────────────────→ 3品10分で完成

①	②	③	④	⑤	⑥		
目玉焼き	**鮭とエノキの バター ポン酢焼き**	**鮭とエノキの バター ポン酢焼き**	**鮭とエノキの バター ポン酢焼き**	**鮭とエノキの バター ポン酢焼き**	**鮭とエノキの バター ポン酢焼き**	**ほうれん草 と玉ねぎの バター蒸し**	**目玉焼き**
卵を焼く		エノキを加えて焼く	鮭の水気を拭き小麦粉を加えて焼く	鮭が焼けたら全体を混ぜる	調味料を加えて蒸し焼き	野菜と調味料を加えて蒸し焼き	水を加えて蒸し焼き
作り方1	**ほうれん草 と玉ねぎの バター蒸し**	作り方2	作り方3	作り方4	作り方5	作り方2	作り方2
	2か所に玉ねぎを入れて焼く						
	各作り方1						

おかず1　鮭とエノキの　バターポン酢焼き　（バターポン酢味）

材料

サラダ油…小さじ1（おかず2、3分も含む）
玉ねぎ…30g（スライサーでスライス）
エノキ…30g（キッチンバサミで半分に切る）
生鮭（下味冷凍済み）…1切れ　70g
小麦粉…小さじ½

A　| バター…5g
　　| ポン酢…小さじ1

作り方

1. フライパンに、サラダ油を熱し、玉ねぎを焼く。
2. エノキを加えて焼く。
3. 解凍した鮭を水気をよく拭き取り、小麦粉をまぶして両面3分焼く。
4. 鮭が焼けたら、玉ねぎ、エノキ全体を混ぜる。
5. Aを加えてフタをし弱火で蒸し焼き3分。

おかず2　ほうれん草と玉ねぎの　バター蒸し　（バター味）

材料

玉ねぎ…30g（スライサーでスライス）
冷凍ほうれん草…30g
バター…3g

作り方

1. フライパンに、切り開いたシリコンリングで仕切り、玉ねぎを加えて焼く。
2. 水にさらした冷凍ほうれん草をザルに上げ、絞らずに加えたら、バターを加え、フタをし、弱火で蒸し焼き3分。

おかず3　目玉焼き　（粉チーズ味）

材料

卵…1個
水…大さじ1
※トッピング
粉チーズ…小さじ½
コショウ…少々

作り方

1. フライパンにサラダ油（おかず1と共通）を熱し、卵を割り入れる。
2. 水を加えてフタをし、弱火で蒸し焼き3分。

Day 5 鮭のごま焼き弁当

鮭はトースターでごま焼きに。ほうれん草とエノキはわさびじょうゆ味の海苔和えに。
ニンジンと玉ねぎは、ハーブで香りづけしたマヨネーズ和えに。

おかず1　鮭のごま焼き　ごま味

材料

生鮭（下味冷凍済み）…1切れ 70g
いりごま（白でも黒でもOK）…小さじ2
ごま油…小さじ½

作り方

1 鮭の水気を拭き取り、ごま油を塗る。
2 ごまを鮭につける。
3 オーブンシートを敷いた耐熱皿に鮭をのせて、トースターで8分焼く。

おかず2　ほうれん草とエノキの海苔和え　わさびじょうゆ味

材料

A
冷凍ほうれん草…30g
エノキ…30g
（キッチンバサミで3cm幅に切る）

B
しょうゆ…小さじ⅔
砂糖…小さじ¼
海苔4つ切り…1枚（手でちぎる）
わさび（チューブ）…1cm

作り方

1 ボウルに濡らしたさらしを敷いて、Aを入れて電子レンジで1分30秒加熱する。
2 水気を拭き取り、Bを加えて混ぜる。

おかず3　ニンジンと玉ねぎのマヨ和え　マヨハーブ味

材料

A
ニンジン…30g（ピーラーでスライス）
玉ねぎ…20g（スライサーでスライス）
酢…小さじ½

B
マヨネーズ…小さじ1
砂糖…少々
乾燥ハーブミックス（バジル、オレガノ、パセリ、タイム）…少々
酢…小さじ⅓

作り方

1 ボウルにAを入れて軽く混ぜ合わせ、電子レンジで1分加熱する。
2 水気を拭き取り、Bを加えて混ぜる。

同時調理ガイド

START ➡ 3品10分で完成

①	②	③	④	⑤
鮭のごま焼き	ほうれん草とエノキの海苔和え	ニンジンと玉ねぎのマヨ和え	ほうれん草とエノキの海苔和え	ニンジンと玉ねぎのマヨ和え
トースター焼いている間に次へ	レンチン	レンチン	調味料を加えて混ぜる	調味料を加えて混ぜる
作り方 1~3	作り方 1	作り方 1	作り方 2	作り方 2

アカリスム キッチン
Akarispmt's Kitchen

自分のために作る普段のお弁当の動画をYouTubeにて配信したところ、包丁もまな板も使わず、フライパン、レンジ、トースターを使いながら、同時調理10分で作るお弁当が「手際が良すぎる！」と注目され、人気を集める。「夜ご飯 1週間献立」などさまざまなテーマと身近な食材で、真似しやすい料理の動画を配信中。チャンネル登録者数は54万人を超える（2024年2月現在）。著書に『包丁もまな板もいらない 10分弁当』(KADOKAWA) がある。

YouTube「Channel akarispmt's kitchen」
https://www.youtube.com/@akarispmt

好評既刊
『包丁もまな板もいらない
10分弁当』
(KADOKAWA)

材料同じでも 毎日違っておいしい
1週間1000円 10分弁当

2024年3月13日　初版発行

あかりすむきっちん
著者　Akarispmt's Kitchen

発行者　山下 直久
発行／株式会社KADOKAWA
〒102-8177　東京都千代田区富士見2-13-3
電話 0570-002-301（ナビダイヤル）

印刷所　図書印刷株式会社
製本所　図書印刷株式会社

●お問い合わせ
https://www.kadokawa.co.jp/ (「お問い合わせ」へお進みください)
※内容によっては、お答えできない場合があります。
※サポートは日本国内のみとさせていただきます。
※Japanese text only

定価はカバーに表示してあります。